U0603977

广西师范大学出版社
·桂林·

图书在版编目(CIP)数据

十个为什么：广告营销哲学十堂课 / 陈国辉著．—桂林：广西师范大学出版社，2020.1

ISBN 978-7-5598-1480-7

Ⅰ．①十… Ⅱ．①陈… Ⅲ．①广告－市场营销学 Ⅳ．① F713.86

中国版本图书馆 CIP 数据核字 (2019) 第 212726 号

出 品 人：刘广汉

责任编辑：肖 莉

助理编辑：孙世阳

装帧设计：马 珂

广西师范大学出版社出版发行

（广西桂林市五里店路 9 号　　邮政编码：541004
网址：http://www.bbtpress.com）

出版人：黄轩庄

全国新华书店经销

销售热线：021-65200318　021-31260822-898

山东临沂新华印刷物流集团有限责任公司印刷

（临沂高新技术产业开发区新华路 1 号　邮政编码：276017）

开本：890mm × 1 240mm　1/32

印张：8.75　　字数：220 千字

2020 年 1 月第 1 版　　2020 年 1 月第 1 次印刷

定价：88.00 元

序一 | 01

通篇拜读，喜欢上陈国辉先生的文字。他的文字不矫饰、不摆谱，似老友叙谈，娓娓道来，真率自然，智慧明亮。这样的文字背后，分明可以感受到一种通透、安静的思想力量！

十个为什么？谁吃饱了整天胡思乱想，问这问那的？

其实，这是一种很本质的发问。这种发问将关乎思想者的存在，其中道理与“我思故我在”相似。

俗世总免不了流行的浮躁，免不了概念的喧闹，总有人会很聪明地找到潜藏于流行或概念背后的投机利益，甚而有人参透了唯“新”者生存的机巧，玩弄术语，改造半生不熟的概念，别有用心地鼓吹技术，蛊惑新形态，不一而足。对此，国辉先生特别警惕：“社会越浮躁，越应该静想；世界越繁杂，越需要反思。认清传播本相，不是为了特立独行，只是不希望随波逐流，然后徒劳无功。”

表象的破碎处，总有本相存在。陈国辉先生追问那么多“为什么”，为的是认清“本相”，用以澄清行业的焦虑。因为他看到太多的人“以扩大焦虑来建立权威，却并没有打算，也没有能力提供任何解决方案”。这是他最感悲哀的事，也应该视为国辉先生用心写作的初心！

说到此处，意识突然回响，记起劳双恩先生的话，他说：“国辉先生说的笑话，会让你在第二天笑出来。”这是怎样的笑话！现在体会，国辉先生那满是忧患、无辜、认真的眼神，加上不动声色的语调，还真有那么一种深刻到骨子里的幽默，让人一时半会儿还不太明白笑点在哪儿！当然，此书不求幽默，但是，这与生俱来的幽默和认真，却让国辉先生对人云亦云、随波逐流的文化流弊有了更自觉的警惕和更智慧的洞察。

“十个为什么”，看似戏语，实为慧语，旨在引人质疑。真正列入书目提纲的，只是讨论十个方面的行业热点现象，但是倘要读懂其中的复杂性，又岂止十个为什么！每一个所列的章节，都是一个大领域。从行业现象着眼，进而探讨社会心理、文化经验乃至价值生成等方面的深度内容，这恐怕就是国辉先生认真幽默的缘由所在！

爱是感性的，不爱是理性的。

很多扯不清的创新，内在都有着深刻的悖论。

也许，国辉先生，本身就是一个悖论！

金定海

上海师范大学影视传媒学院教授

博士生导师

中国广告协会专家顾问委员会主任

2019 年 10 月 1 日

序二 | 02

我们的老祖宗推崇内涵，但今日的广告圈却喜欢“跟红顶白”，外表风光至为重要。

如果既有外在的包装，又有内在的实力，那当然是难得一见的好人才了。

陈国辉就是难得一见的异类，虽然他的外表和内在绝对错配！

满身时尚配搭的陈先生，不苟言笑，但笑话一出，又非常好笑。

逻辑思维缜密的陈先生，思路环环紧扣，但创意一出，又非常出人意料。

今天他竟然出书了！

出书是他的志趣，当然不奇怪，可是出有关广告理论的书，肯定不是我能想象的。

当我从他发给我的文件中看到他问的十个为什么的时候，非常有感触，因为看似简单直接，理应每日挂在嘴边的问题，如今大家都没有时间，甚至不屑再去问了。

一如我前面说的外表与内在的戏剧性反差的节点一样，看似简单的十个问题，带来的回答却绝不简单。其内容都是陈先生经过二十多年的潜心工作，细心留意得出的答案，我看得津津有味！

劳双恩

伟门智威亚太区首席创意长兼创意委员会主席

自序 为什么有《十个为什么》？

一切源于焦虑。

过去的两三年间，我感觉出现了越来越多焦虑的甲方和迷失的乙方；也可能是迷失的甲方和焦虑的乙方。

这是一个资讯泛滥的“后 social（社交）”时代，每个人都可以有发声的渠道，然后演变成每个人都可以是“专家”。而每个人的发声权利，被很多人误以为是权威。甚至有的人只在某大 4A 实习了一个月，旁观了两个项目，翻过了三本书之后，就对整个行业的过去与未来指指点点。

他们以扩大焦虑来建立权威，却并没有打算，也没有能力提供任何解决方案。

为此，我不只感到焦虑，更感觉悲哀。

我从毕业到现在，在广告传播行业摸爬滚打了这么多年，如果我能够算得上有一丝丝成就或者名气，都是这个行业给予我的，所以总觉得自己有一份不可推脱的责任。

这种责任，有点像当那些广告奖的评委，最心疼的并不是看见优秀的作品不能入围，而是目睹了明明破烂不堪的创意最后竟然拿奖了。

我纵不才，但起码分享的是多年积累的经验、实战感悟，比起那些整合几篇道听途说的文章，拼凑几个似是而非的观点的内容，我的分享可能没有那么华丽，但保证实在。

《十个为什么》主要是想分享一下我个人对传播的看法。

和我一起工作过的朋友都知道，我是个不讲什么方法论的人。我每做一个项目，差不多都是从零开始思考，包括这个项目的目的、可能会遇到的问题，以及怎样解决问题。

我这种习惯不一定是对的，也不一定是最好的，更加不应该是唯一的方法，所以我只能说是分享。希望大家阅读本书之后，在遇到问题的时候，除了感到焦虑，也会懂得思考。我相信，只要找出真正的问题，自然就有答案。

身处传播行业的我们，每天都在不停地思考，思考创意、思考怎样执行、思考如何传播。但往往因为太忙，忘了思考为什么。

也有人不知道怎样思考，只知道别人说什么就听什么，现在流行什么就做什么，用忙碌来掩盖焦虑，以为多劳就可以多得。

其实，只要稍微花点儿时间，反思一下传播的本质，思考一下为什么要做的每一个举措，心情就会豁然开朗。

社会越浮躁，越应该静想；世界越繁杂，越需要反思。

认清传播本相，不是为了特立独行，只是不希望随波逐流，然后徒劳无功。

让我们一起来反思传播的本质。

陈国辉

2019 年 7 月

目　录
CONTENTS

为什么要追

01

社交传播的历史

2011 年的某一天，北京暴雨，杜蕾斯发布了一个用安全套包裹球鞋，以此防雨的创意内容，在制造了网络佳话的同时，也间接宣布了社交传播时代正式来临。

到底是杜蕾斯刚好赶上了社交传播的开幕式，还是中国的社交传播是从杜蕾斯开始的？时势和英雄，其实互相不可分割。

之后，杜蕾斯在和环时互动合作的七年间，产出的创意使人津津乐道，也经常被其他品牌借鉴，包括追热点。

4

不追就是吃亏吗？

“追”是因为我们看到很多人做了，觉得自己也应该做，要错大家一起错，否则会感觉吃亏了。那么“感觉”吃亏，是不是真的吃亏了呢?

首先，我们要明确传播的目的。传播的目的只有两个：一个是虚的，即提高品牌知名度和好感度；一个是实的，即促进产品销售量。我们在追之前，要先考虑能不能达到这两个传播的目的。如果可以达到，不追肯定是亏了。现在很多人说“品效合一”，既要做好品牌，同时也要有实际销售效果。我觉得有这个目标是好的，但做不做得到是另外一回事。

追热点的品牌那么多，你记得几个？

追热点，只会让热点更热，而我们贡献的所有传播物料，都只是证明这个热点真的是热点而已。然而，那么多品牌同时追一个热点，消费者能记住的又有几个呢？从 2018 年开始，很多品牌方都领悟了这个道理，因为他们发现追了几年的热点似乎并没有什么用，所以就不太追了。

8

现在的品牌追的不是热点，更像是在追杜蕾斯

为什么会有“追热点”这个现象呢？因为杜蕾斯。杜蕾斯追热点成功之后，大家就开始一起追，可是绝大多数人还是只记得杜蕾斯。就连以前帮杜蕾斯追热点的环时互动的老板都说，追热点毁了一代广告人，所以现在环时也不这么做了。

其他品牌追热点唯一的好处是，有些与广告相关的平台或者公众号会搜集资料，将不同品牌追热点的物料整理成一篇文章进行发布，算是二次传播，但是看这些文章的读者并不一定是品牌想要针对的人群。

追热点其实是没有错的，因为其本质是借助一个比较火的话题来做文章，相当于借势。但问题是我们追得太过盲目，劳民伤财，整个团队夜以继日，却没有什么效果。所以我们一定要先明确追热点背后的原因，以及期待的效果。国外也有很多品牌追热点的案例，但他们中有的却做得比较聪明。

比如，英国哈利王子大婚这个新闻在全球都是热点，哈利王子大婚当日，英国媒体更是通宵排队。而宜家家居刚好有一个产品，名字和王子一样，也叫 Harry，所以宜家家居就追随这个热点推出了一个广告，标题是“Don’t worry, Harry is still available”。Available 在这个广告语中有两个意思：一个是还有得卖，另一个是仍然单身。

追哈里王子大婚这个热点的还有肯德基，但他们并不是做了一张海报，而是将全家桶的包装更换了，将主色红色换成了金色。另外，他们还推出了一个特别版的全家桶，将纸包装换成了瓷器包装，因为瓷器也算英国的代表。还有的新闻说，哈利王子是在吃烤鸡的时候求婚的，因此，感觉肯德基追这个热点就更加顺理成章了。

11

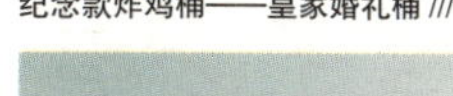
纪念款炸鸡桶——皇家婚礼桶 ///

还有一个很有趣的例子，在2016年英国女王90岁大寿的时候，Burger King直接把名字改成了Burger Queen，汉堡王瞬间变成了汉堡女王。之后，他们在中国三八妇女节的时候也使用了这个创意。

『追热点』最终是为了追流量，为了刷屏

如果你在网上搜“追热点”这个关键词，大部分文章都会教你怎么追热点，只有一小部分会说为什么要追，究其原因，只有一个——追流量。“流量”在不同的范畴有不同的意思，从传播方面来说，就是访问量、阅读量，追流量就是想刷屏。如果能够做到刷屏，无论甲方还是乙方，都会很高兴，会更加斗志激昂，而且刷屏之后，接触的人群数量也会大大超过预期。这么看来，无论如何，刷屏都是好事。但是，我们必须要看清楚刷屏对于传播目的有没有影响。

在影响销售方面有两个比较经典的例子：第一个是百雀羚的长图文，估计很多人都看过，也可能转发过，但它的转化率非常低，据说不到千分之一。如果甲方对这条图文传播的期待是销售的话，它可以说是失败的案例，但它对于品牌知名度的提高是有帮助的。

另外一个例子是小猪佩奇过大年的视频，这是一个值得研究的传播案例。它基本上做了四次传播：第一次是正常的传播；第二次是转发刷屏的传播，也是最能引起关注的传播；第三次是以导演为话题，借势传播；第四次是消费者针对广告和电影本身的相关性或者不相关性的“对骂”展开的传播。这条视频是广告，电影就是产品。然而“啥是佩奇”火了，但因视频而预定电影票的人却没有多少，电影最终以 1.2 亿元票房在春节档排名第七，豆瓣评分 4.0 分。而且据我了解，去看这部电影的观众基本都是有孩子的，因为孩子喜欢佩奇，所以无论有没有这个广告，他们都会去看，而没有孩子的观众却很少。

刷屏背后更多的是刷消费者的存在感

从这两个例子可以看出，刷屏可能和想卖的产品无关，刷的只是广告本身而已。很多人讨论的是小猪佩奇的广告形式和内容，而不是应不应该去订电影票。广告带火了导演，虽然电影和广告的导演是同一个人，但估计以后找他拍广告的人会比拍电影的多。百雀羚也是一样，大家看完广告觉得不错，都纷纷转发，转发的意愿甚至大到忘了文章的最后还有购买链接，不过，就算知道有链接也不一定会点进去。

刷屏在很大程度上取决于运气，当然，内容本身也要很吸引人。根据我个人的经验，刷屏有一个临界点。如果我的朋友圈只有一两个朋友转发，还零零散散的，我是不会点开的，除非标题很吸引人，但如果有好几个朋友都转发，那影响力就不一样了。而且我们都有这样一种心态：朋友们都转了，我也不甘落后，转的时候还要加上自己的意见，刷一下“存在感”。所以，刷屏其实是刷消费者的存在感。

刷屏对品牌知名度影响更大，对品牌美誉度和最终销售影响较小

“小猪佩奇”让我想起一个比较传统的广告理论：如果产品不够好，广告做得越好，产品“死”得越快。更何况现在是口碑至上的年代。那么刷屏广告对什么样的品牌最有用呢？我觉得是没有名气的品牌，或者是新出来的品牌。名气越小，效果越明显。试想一下，如果耐克有一个刷屏的传播，它的知名度并不会因此而有太大的影响。当然，耐克做的传播，也没有把刷屏当成目标。

追的只是表象，而非本质

虽然百雀羚的广告转化率不理想，但这丝毫不影响大家追“长图文”的形式，以及希望也可以刷屏的心态。但我觉得有件事情大家搞错了，大部分人追的都是表象，而没有理解本质。百雀羚的刷屏，不是因为长图文，而是因为之前没有人做过这种形式，大家觉得新颖，所以才转的。

但如果等别人做完之后，再跟风做一套一模一样的又有什么意思呢？这种感觉有点像去买彩票，买的却是上一期的中奖号码。之前说杜蕾斯追热点火了也是这个道理，它之所以火是因为之前没有品牌这样追过热点。还有另外一个原因——它是杜蕾斯，它的传播内容天生就会引起关注，而且也可以做得很好玩。这也是为什么没有第二个品牌追热点能如此成功的原因。所以我说大家不是在追热点，而是在追杜蕾斯。

我记得以前在奥美的时候，有同事从戛纳广告节回来之后，和客户分享一些见闻和心得。客户听完之后说：“看了那么多好东西，我们看看有什么可以直接拿来用的。”意思就是人家做什么，我们也做什么就好了。

很多广告只是换了种形式，
但这不是做创意

新媒体出现之后，新的形式也随之一波接一波地出现，包括微电影、社交媒体、公众号、H5、快闪、快闪店、短视频、电视剧植入、电视剧创可贴、电视剧中插等。为什么我说一波接一波？因为新的平台、新的媒体出来之后，自然会带来所谓的新的形式，然后大家就开始追这种新形式。而过一段时间，其他平台和媒体出现了，大家又开始追另一种形式，所以我们没必要因为来不及追某一种形式而感到焦虑。

以前我们经常说创意，现在都笼统地称之为做内容，而内容展示的方法其实只有几个：画面、文字、音乐及互动。比如，网易音乐的地铁车厢广告火，但其实包下整个地铁车厢做广告的手法已经被用了很多年，这个广告火了并不是因为包了地铁车厢，而是因为它的传播创意，或者叫内容。

所以说，火不火和形式的关系不大，主要还是看内容。比如，H5 流行的时候，大家都觉得不做 H5 好像就不懂得做传播，但其实消费者并不是很关心你做的是不是 H5，只不过因为内容是互动的，他们觉得好玩就玩一下，觉得值得分享就分享出去，形式并不是很重要。

如果想要参考其他品牌的形式，我们需要考虑这种形式到底和自己品牌的关系在哪里，这也是我们一直强调的相关性。2018 年春节，有一个经典的刷屏的 H5，就是一个可以选择头像、造型、家具、布置的全家福 DIY。

后来，很多品牌采用类似的形式，但效果都不是很好，直到连咖啡做出来，它在这种形式的基础上加了两样东西：一个是用户可以自己开咖啡馆，这就是和品牌的相关性；另一个是促进销售的“玩法”，每卖出一杯咖啡用户可以积攒十分之一杯，卖出十杯用户就可以免费喝一杯咖啡。所以追形式也应该有自己的想法。

还有一个成功的例子是丧茶。丧，或者说“丧文化”，我不知道它算不算热点，但它在当时起码算是一个网络热词。用热词做文章的传播有很多，如果单单做几张海报，用文案配上一些热词也没什么特别的。而丧茶算是三合一——热词、快闪店和跨界合作，它是饿了么和网易新闻合开的一家快闪店。

相关性在这里得到了很好的体现，饿了么本来就是和餐饮最相关的，而丧，作为一种次文化，也是网易新闻应该关心的。除此之外，丧茶的细节设计也很用心，如各种茶的名字，这就是创意的执行。丧茶，作为一个内容，其传播性是成功的，而它更成功的是，作为一个本来准备开四天的快闪店，现在有了几百家分店，还可以加盟。

不要只考虑追热点，也要学会创造热点

最近有一种比较流行的形式叫中插，即在网络剧中间插播广告。那些广告都是用剧里的演员，演回剧里的角色。因为中插的特性，很多观众在开始的时候并不知道是广告，到后面才恍然大悟，所以广告采用的一般都是偏搞笑的形式。

如果把形式抽开来看，其实也没什么特别的。用演员的某个角色来卖广告很常见，电视剧中段插播广告也很正常，但因为是中插，没有其他类型的广告，所以观众可能不会瞬间就将广告和剧区分开。但因为中插一般是以搞笑的形式出现，所以品牌方需要考虑自己的形象是否合适，另外，还要赌一下这个剧会不会火。

热点，就是话题。相较于一窝蜂地追热点，制造人们关心的话题也许更能使品牌鹤立鸡群。比如，新世相负责执行的《逃离北上广》，其形式上没有先例可以借鉴，但显而易见，其活动的核心来自洞察。也只有洞察才能真正地打动人心，引发共鸣。

让一百个人爱上你，比让一万个人觉得你还行重要得多

我不太赞同目前追热点的方式，因为大多数人都怕吃亏，而且赶时间，所以他们只能做一些社交媒体海报，这样很劳民伤财。但借势这件事本身是很好的，所以一定要追的话，大家可以考虑除了社交媒体海报以外，还能做点什么。追流量或者刷屏是好事，但不一定有助于销售。刷屏后，也不要介意到底是广告本身火了还是品牌火了。至于追形式，我认为最好是追第一次出现的形式，如果追已经火了的形式，一定要加入与自己品牌相关的想法，否则就会变得很被动。

感恩节已经是很多品牌争相追逐的节日之一，但内容一般都乏善可陈。杜蕾斯则换了一种思维方法，在感恩节的时候，以半联合品牌的形式，感谢了十几个其他品牌，从而显得其有高度、有风度，而很多被感谢的品牌也乐于回应。

有人习惯了追别人，也有人习惯了被追。

为什么有那么多专有名词

02

你有没有遇到过这样的情况：很多时候和不同的人开会，有些人经常会说出一些你之前没听过的专有名词，而你发觉其他人都没什么反应，好像只有你一个人听不懂，然后就会变得很不专心，明明懂得的内容也变成不懂了，也正因为你在思考那些名词到底是什么意思，结果导致跟不上整个会议的节奏。这可能是很多人莫名其妙地感觉焦虑的原因之一。

专有名词的出现，是为了方便沟通

从传播的角度来看，当一种新的形式、新的媒体或者新的概念出现的时候，为了方便沟通，最好的办法就是给它取一个名字。但有的名字会让人感觉摸不着头脑，反而给沟通增加了一堵围墙。我把专有名词分成三类：

· 便于沟通而出现的；

· 按字面意思也能大概理解内容的；

· 毫无意义的。

有时候这三类的区分不一定很明显，有一些词可能是为了方便沟通而出现的，但结果反而更混乱了。

KV=key visual（主视觉）≠广告

以 KV 为例，KV 是 key visual 的缩写，意思是主视觉。甲方和乙方对这个词应该都不陌生，好像每天都接触，然而它的出现给我们的沟通造成了很大的混乱。现在很多甲方都理所当然地认为，一个 KV 就可以应用到不同的媒介，可问题在于，KV 并不等于广告。

KV 只有视觉，也就是画面。而一般有概念的广告，通常是画面配合文字，这样才会产生化学作用。这一类广告，如果单单把画面抽出来用，会让人觉得莫名其妙。当然，有的广告概念也可以完全没有文字，只靠画面就能说明一切，这样的广告就另当别论了。

打一个不完全恰当的比方，通常情况下，我们不会单独使用 logo（标识），尤其是在传播层面，logo 的使用是有一定规范的。KV 也一样，它应该按不同的媒介来进行设计。如果甲方说要做一个 KV，而乙方什么都不问就照做的话，其实是很不负责任的。我们应该问清楚，到底用在哪里？媒介已经有规划了吗？或者我们也可以按照创意的概念来建议甲方用什么媒介，比如，是做社交媒体海报，还是做地铁的大海报？如果是社交媒体海报，我们可以用一些具有思考性的手法来吸引用户，但如果是公车站或者地铁海报，就不适合长篇大论了。

我曾经遇见一个客户，他们想连电商的官网都用同一套 KV，这样似乎有点逻辑问题。如果我们做的这套传播是想吸引用户访问官网，结果用户来到官网看见的却是同一批内容，那么这样不只是浪费资源，而且还错过了应有的机会。

专有名词的误区：利用一个词，变成一门研究，再发展很多理论

最近有一个比较热的专有名词——圈层。这个词给人的第一感觉是很有内涵，我的第一反应是有点像钱钟书的“围城”，很有深度。后来我研究了一下才发现，“层”原来是指阶层，“圈层”的意思是我们先定义某一个相对小众的目标消费群，然后将他们圈定。简单来说，“圈层”就是锁定某一类目标消费群，然后进行传播，然而这并不算是很新的想法。

意思那么普通的一个新词，居然可以被发展出一套套不同的营销理念，这些词在概念上只是换汤不换药而已，如果我们因为这个而感觉焦虑就太不值得了。

快闪——从年轻人的集体行为艺术到广告的传播形式，从自发的、即兴的行为到有组织、有计划的传播

还有两个用得比较久的专有名词——快闪、快闪店，这个概念已经有十几年了。快闪的英文是 Flash Mob，它当年刚出现的时候并不是指一种传播形式，而是有些年轻人觉得无聊，在网上召集一些不认识的朋友，在某个时间、某个地点做某种行为，然后做完就散，有点儿像集体的行为艺术。后来有广告人将它变成了一种传播的形式，也可以说是一种内容的方式，因为它可以用视频记录下来，并在网上传播。

快闪这种传播形式之前有另外一个名字，英文是 guerilla，中文是游击队的意思。严格来说，这个字眼更精准，因为快闪本来就是一群不认识的人，自发地联合做的一件事情。而现在的快闪是有组织、有计划的传播。

快闪店——以卖产品为主，临时但有风格，大多数是为了制造话题

快闪店的英文是 Pop Up Store，字面意思是突然间出现的一家店铺。开始的时候，快闪店以卖产品为主，其好处是以“pop up store”的名义，店铺的装修可以简约一点儿，因为大家都知道这是临时的，但也得有风格。快闪店通常会卖一些特别版、纪念版之类的产品，销量不会太多，主要是为了给传播媒体制造一些话题。以前做快闪店最多的是川久保玲，她开的快闪店一般都比较偏远，主要是为了制造话题。快闪店在本质上和商场门口的临时摊位没什么太大的分别，唯一的不同是后者是为了卖产品，而前者是为了让消费者来体验一下。无论是快闪店还是临时摊位，最重要的都是传播什么内容，想达到什么目的，想用什么话题来制造传播的效果。

病毒只是形容传播效果的一个形容词

另外还有一个字眼，就是病毒（viral）。最早出现的是病毒视频（viral video），后来随着传播形式越来越丰富，最后统称为病毒传播、病毒营销。那么到底是先有病毒视频这种形式，还是先有病毒视频这个字眼呢？答案肯定是先有做法，之后为了形容这种做法的效果才取了这个名字。关于病毒有两点需要注意：第一点，病毒只是形容传播效果的一个形容词，而我觉得这个词是可以随便替换的，如换成渗透式传播、核聚变传播，或者换成最近流行的裂变式营销。所以名词不重要，最重要的是第二点——传播的目的，如之前提到的刷屏。

消费升级：物质需求→精神需求

消费升级这个词很常见，我看到这个词的第一反应是，消费者的消费力变强了？后来发现不只是消费力强了，还有要求也变高了。有一个说法，消费升级是因为原来只需要满足人们的物质需求，而现在可能需要精神层面的满足，或者是因为见识多了，人们的品位提高了。表面上看好像很合理，但问题是物质需求容易量化，而精神和品位则不然。

我看过一个例子，一些人赚钱多了之后，吃的肉比以前多了，或者吃的肉的品质比以前好了，这是消费升级的一种。但同时，另外一些人在生活越来越好以后，开始关心自己的身体健康或者精神层面，于是少吃肉、多吃素，这也是一种消费升级。所以说，追求物质可以说是升级，“断舍离”也可以说是升级。

还有一个词叫闭环，我们常说闭环营销，或者营销闭环。闭环从字面上很好理解，就是一个圈，无论从哪里开始，最后都要回到起点。比如，一家公司因为有名气，所以吸引了一些客户，为客户提供服务之后，客户很满意，又介绍其他客户过来，公司因此多了

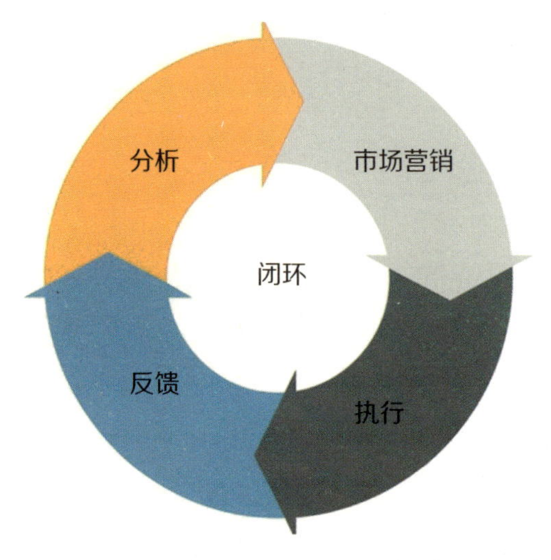

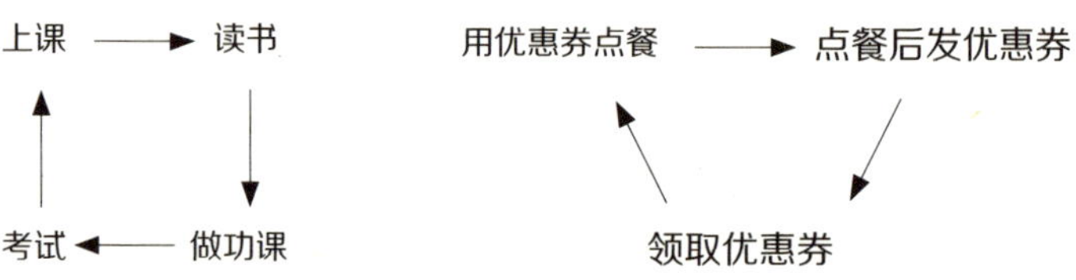

口碑和名气，这就叫作闭环。然而仔细想想，所有的生意不都是这样的吗？

营销工具也有闭环之说，即策略影响计划，计划影响执行，执行得到反馈后再优化策略。但从严格意义上来说，这并不是闭环，因为它不是回到了起点，而是对起点进行了优化，我觉得叫螺旋式上升可能更合适。

读书的时候，我们上课、读书、做功课、考试，这是一个简单的闭环。点外卖的时候，我们领取了满减优惠券，点完之后又将优惠券分享给其他朋友用，这也是一个闭环。它只是一个方便沟通的字眼，背后并没有什么法力，而且我们本身其实就生活在一个闭环里面。

生活中遇到的闭环

所以大家在遇到自己不懂的专有名词时，不要觉得是自己的错，待你查清楚专有名词的意思之后，就会发现它其实也没有什么复杂的。另外，在理解了专有名词之后，要思考它对转播有什么帮助。千万不要因为花时间去理解名词，而忘了其实我们想做的是传播。如果这个名词不能帮助我们沟通，反而造成混乱，它就是无用的。

在这方面，我比较欣赏两个人。一个是张小龙，他在 2018 年年底所做的演讲中，基本没有用专有名词，只是简明扼要地阐述了怎么做，为什么要做，像我这种圈外人士都听得懂他讲的内容，这才是有效的沟通。另一个是亚马逊的创始人杰夫・贝佐斯，他规定开会不能用 PPT，有什么内容直接说。他的这种做法我不是绝对赞成，但他的出发点我是认同的，就是你有扎实的内容直接说出来，花哨的包装只会浪费沟通时间。当然，这里针对的是内部会议。

当然，也有很多比较好的专有名词，如“martech”和“下沉城市”。Martech，顾名思义，就是 marketing+technology，意思是用技术（technology）来做营销（marketing）。而“下沉城市”的意思就更直观了，无须解说。这种专有名词不但不会造成焦虑，还会方便以后作为沟通的桥梁。

因此，我们不要因为不懂某些专有名词而感到焦虑，与其花很长时间去定义某个专有名词，不如花时间讨论相关的内容。很多时候，我们了解了某个名词之后，却忘了传播的目的。

为什么是IP

03

IP到底是什么？

这两年我们随处都能听见 IP 这个词，但好像每个场景出现的 IP 的意思又不太一样。那么，到底 IP 是什么呢？

IP 的英文全称是 Intellectual Property，字面的意思是知识产权，还有版权、专有权等引申之意，涵盖的范围其实非常广泛。一本小说、一个 logo 有知识产权，一个工业设计、一种新药物也有版知识产权。而在品牌和传播的范围里，IP 的意思就比较模糊了。IP 和品牌，或者品牌形象有什么分别呢？它们两个的关系是什么呢？似乎谁也说不清楚。但我们可以从所有人都觉得是 IP 的那些案例中寻找共性，这种共性应该就是 IP 的特性。

我们可以先列举几个所有人都觉得算是 IP 的品牌。最典型的例子是迪士尼，它将那些卡通人物形象做成衍生产品，同时也卖给其他不同的品牌来生产产品，包括 T 恤、鞋子、公仔等；漫威也是一个例子，它的每个超级英雄都是 IP；ofo 在几万辆单车上使用小黄人的符号，也是用了 IP，同时配合电影宣传；日本的熊本熊火了之后，我们到处都看得见用它的 IP 生产的不同品牌的产品。

还有一个现象级的 IP——故宫。故宫除了自己生产产品之外，也与其他品牌合作，包括卖产品的，如矿泉水、月饼、口红、火锅、衣服（吉服）等；还有卖服务的，如信用卡、视频的平台等。

故宫 × 农夫山泉：限量版故宫瓶 \\\ 故宫 × 抖音："抖来运转 福满乾坤" \\\

故宫 × 必胜客：芝心踏月宫廷团圆礼盒 \\\

为什么故宫这个IP可以这么火呢？

我觉得故宫 IP 之所以这样火，是因为它可以被使用的题材和元素很广泛，相对限制也较少。在元素方面，无论是迪士尼还是漫威，尽管它们的人物众多，但都是有限的。故宫则不同，我们可以用里面的人物，也可以用物件，甚至是建筑物、植物和生活形态，而且里面的人物有不同的身份，如皇帝、太监、宫女等，每个人物又有不同的画像。在限制方面，迪士尼给合作方的限制非常大，所以米老鼠无论在哪里使用都没什么变化。当然，这也是为了保护自己的 IP，做法没有错。

很多年前，我们要用哆啦 A 梦做一条广告，但只要我们想得出的动作都不允许使用，最后是我们的美术人员和对方逐个动作地讨论才勉强完成那条片子。其实，大部分有固定人物形象的 IP 都是这样的。但故宫的 IP 不一样，如乾隆，他可以戴墨镜，可以唱 rap，可以文身，这样做出来的变化自然就多，生命周期也会更长。当然，恶搞除外。

故宫IP的出现过程

故宫 IP 最早出现在文创产品中。其实，所有博物馆都会生产自己的文创产品，有特别展览的时候，也顶多会针对性地做一些相关的配套产品，但这都是常规做法。突然间，台北“故宫博物院”推出了一款胶带，上面写着“朕知道了”，然后就火了。随后，故宫借势推出了很多好玩的文创产品。

而故宫 IP 之所以大火的终极原因是因为故宫的前任院长单霁翔。为什么有那么多有趣的产品、传播视频或者 H5 和其他物料呢？因为有一天单院长发现大部分去故宫排队的都是年轻人，这个发现表面上看似简单，但其实看见和发现是两回事。于是，单院长就萌生了针对年轻人市场这个想法，所以容许市场上出现一些比较有趣的设计，以此来和年轻人打成一片。这个决定其实关系到三个方面：眼光、决策力和勇气。

从发现到落实需要三点：

眼光、决策力和勇气

眼光就是所有人都看见了，却只有他发现了。而虽然他发现年轻人多，但也并不一定要打入年轻人市场，其实故宫给人的第一印象是古老，谁会想到和年轻人沾边呢？这就是决策力。他允许市场上出现那么多类型的衍生品，包括有趣的、搞笑的，这也是勇气的体现。很多客户都想做IP，但他们不一定真正清楚什么是IP，只是知道它最近很流行。IP不难做，但有没有人买单才是最重要的。所以，我们做之前要先想想自己有没有眼光、决策力和勇气。

故宫做『文创』火了，和它是故宫有关系吗？

我们回去看那些文创产品，如果没有故宫行不行？理论上，我也可以生产一批类似“朕知道了”的胶带，而且大英博物馆和其他很多博物馆也推出了很多胶带。但这其中有两个分别：一个是故宫有品牌效应,其产品价格当然就不一样了。另一个是故宫的藏品很多，无论是古董、文物，还是字画，它们都是有故事的，所以，有太多元素可以用。

我们想象一下，如果故宫是一个人，他会是什么样的人？什么性格呢？我觉得可能会是两种人：一种是有文化底蕴、有内涵的年轻人，另一种是心态年轻，甚至喜欢“卖萌”的老人家。这两种人表面上看是两个极端，互相矛盾，但如果不给这个人赋予年龄，只看性格的话，他们是共通的。

IP→内容

当目标消费群设定好以后，之后的事情就顺理成章了，如开通淘宝、微博、微信等，它们的语言系统都是一样的。故宫的 IP 火了之后，并没有停留在卖产品或者卖 IP 的层次，而是用内容来做形象，这也是漫威不停地拍电影的原因。所以，故宫拍了一套三集的纪录片——《我在故宫修文物》，这就是其内容的一部分，而且是体现内涵的那部分。由黄海设计的《我在故宫修文物》的海报也做得非常赞。

第一个赞是调性，与之前经常看到的搞笑的故宫宣传物料相比，这套海报的调性完全是另一个方向，一个和纪录片的调性非常一致的方向。第二个赞是概念，也可以说是处理手法。每张海报里面的文物的残缺部分，都有一个师傅在做维修的动作，每位维修师傅的形象都采用与文物同样的纹理做了一个类似剪影的处理。

纪录片里面采访了很多年轻的故宫员工，以此体现年轻人也可以有内涵、有修养，这对于让年轻人对品牌产生认同感是非常有用的。“我不是只懂卖萌，我是非常有内涵的，只是性格比较幽默，喜欢搞笑而已。”这种“人设”可以算是完美的了，很多人可能都会将这种性格投射到自己身上，觉得自己就是这种人，或者想变成这种人，至少也会想和这种人交朋友。

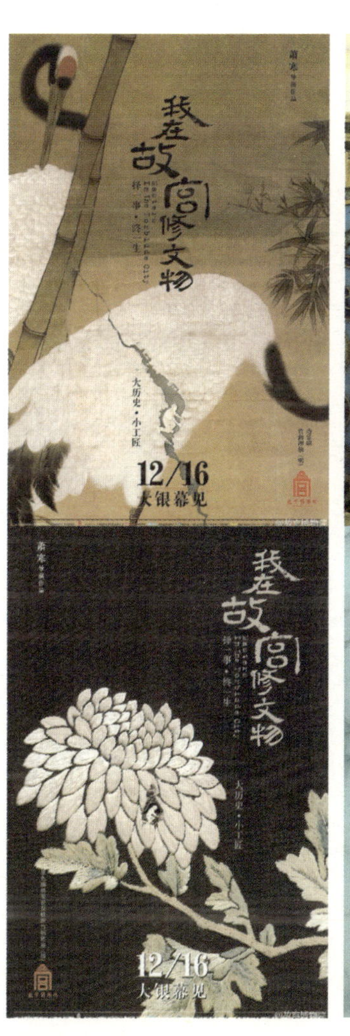

我在故宫修文物
Masters In The Forbidden City
择一事·终一生
大历史·小工匠
12/16
大银幕见
我在故宫修文物
Masters In The Forbidden City
择一事·终一生
大历史·小工匠
12/16
大银幕见

大历史·小工匠
我在故宫修文物
Masters In The Forbidden City
择一事·终一生
12/16
大银幕见

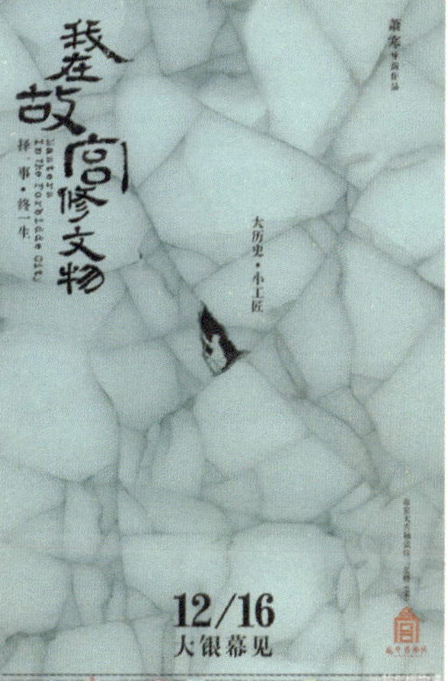

我在故宫修文物
Masters In The Forbidden City
择一事·终一生
大历史·小工匠
12/16
大银幕见

我在故宫修文物
Masters In The Forbidden City
择一事·终一生
大历史·小工匠
12/16
大银幕见

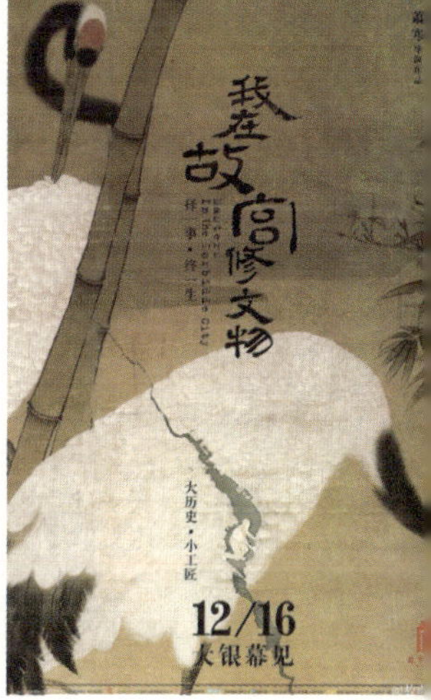

我在故宫修文物
Masters In The Forbidden City
择一事·终一生
大历史·小工匠
12/16
大银幕见

和故宫合作一定是好事吗？

那么，和故宫这类大的 IP 合作一定是好事吗？我觉得这和追热点一样，取决于传播的目的。正如追热点会让热点更热一样，和故宫合作本身就是一个话题，这个话题的主角也必然会是故宫。比如，矿泉水与故宫合作，只是将包装上的图案换成了皇帝的插画，再加一句与之配合的文案；Kindle 的外壳也是用一些故宫藏品的视觉元素来设计的。如果从合作出来的产品中看不到故宫的元素的话，合作也就没有什么意义了，所以这样的产品肯定在很大程度上会让故宫这个 IP 更火。传播的本质是品牌形象和销售，这种合作的产品销量一般不会太差，因为都是一些特别版的产品。所以从销售角度来看，合作肯定是好事。但是在品牌形象方面，可能百分之八十是有助于故宫形象的。理论上是双赢，只是各自赢的比例不同而已，因为双方的基础不一样。

但是，如果品牌方有些问题要解决，如想找到一个比较快捷的方法，将自己的品牌年轻化，这样的话与故宫合作的效果可能会更好。

但同时，要看自己品牌年轻化的具体定位，因为年轻的属性有很多样，不一定只是幽默、好玩、卖萌，也可以是有梦想、有憧憬、有冲劲等。

IP就是一些品牌，有一些无形的品牌资产，可以用来生产自身产品以外的产品，甚至与其他品牌合作使用

江小白算不算一个 IP？

有人问我，江小白的文案算不算热点，我认为它不能算是热点，而是一种传播内容的形式。如果有其他品牌追的话，也只是追形式，而不是追热点。它的文案的形式是很不错，但也不是非常有独特性，可能是因为量多，所以显得格外有特点。那它算不算一个 IP？我觉得还不算。那些文案的使用，只是将产品包装变成了一种媒介。他们投资的动画片，我觉得也只是传播的手法而已。但其实江小白可以变成一个 IP，比如，它可以开发一些和喝酒场景相关的产品，像餐具之类，或者开餐厅，甚至做和喝酒无关的产品，只要它能衍生出单独盈利的内容，我觉得它就是 IP。

有人说，百事公司的“把乐带回家”是一个 IP，但我觉得不是，起码暂时不是。因为我想象不出，如果有其他品牌想和它合作该如何进行，是用它里面的百事产品、明星，还是用它的名字“把乐带回家”？所以，百事可以是一个 IP，但“把乐带回家”不是。如果有一天它变成一个连续剧，有其他品牌可以植入，那它就是 IP 了。尽管百事可以用里面的元素来生产一些产品，如印上“把乐带回家”的 T 恤，但那也只是一些宣传配套的物料而已。

每个品牌都可以是一个 IP，只是看它是否发展到了那个阶段而已。正如我们经常说的，每个人都可以成佛，但不是每个人都是佛，这要看造化和修为。尽管某些项目在刚开始做的时候是奔着 IP 去的，结果做完之后发现和 IP 无关，只是一些创意和内容的产出，其实那样也无所谓，只要项目做得好就可以了。

为什么要引起争议

04

争议这个题目本身就特别有争议性

争议≧两个对立的观点
争议≠一边倒

这里的争议是针对传播内容的其中一种来讨论的。传播有千千万万的内容，为什么要挑这个来特别讨论呢？原因是这个题目本身就特别有争议性。很多人觉得应该支持，也有些人觉得争议会对品牌造成负面的影响。

争议，代表起码有两个观点，而且通常这两个观点是对立的。有人说好，有人说不好；有人喜欢，有人讨厌。有两个对立面才算争议。如果是一面倒，只有骂，没有赞，只能勉强算话题。最近比较火的例子是铂爵旅拍，大家对这条广告片的评价绝大多数是负面的，却硬要被说成备受争议。它宣传声音的效果是很明显的，但听见的人多不代表喜欢的人就多（后来有文章把从世界杯开始的几个电视广告的效果数据找出来，做了复盘。本来原创者一直强调的效果，似乎也颇具争议性）。

除了内容，有时候还可能是形式的问题。比如，宣传网剧《白夜追凶》的 H5，它的提示是在淘宝搜某个关键词会有惊喜，但其实弹出来的是一个 H5。如果只是弹出一个 H5 还好，问题是伴随着

H5 的弹出还有突然响起的铃声，把很多人都吓到了，因此产生了很多质问的声音，这也没什么好争议的。

但是有一个挨骂的案例，我觉得有一点儿无辜，就是南方基金的那套海报《年纪越大，越没有人会原谅你的穷》。为什么说它有点无辜呢？因为我觉得它的大部分标题都是很有洞察的，如“你每天都很困，只因为你被生活所困”“每天都在用六位数的密码，保护着两位数的存款”。金融行业的广告，说与钱相关的内容是理所当然的，但问题是它总结的那句标语“年纪越大，越没有人会原谅你的穷”引起了人们的反感。如果它换一个正面的角度来包装的话，可能就不会有问题，甚至可能会产生正面的刷屏效果。

被动引起争议

我认为之前这几个例子都是“假争议”，只是用争议这个字眼来自欺欺人，企图蒙混过去。

还有一种情况，我将其归类为“被动引起争议”，是在设想传播的时候没有预料到会产生争议，或者争议与内容或主题没有直接的关系。比如，“小猪佩奇”的刷屏事件，那个视频经过了四次传播，而第四次就是因为争议。但它引起争议的点并不是广告的内容，如老人家这么用心对不对等，而是在于广告的手法以及广告和电影的契合度，大家争议的是这么做到底对不对。

另外一个被动引起争议的例子是“番茄炒蛋”的视频，大概的内容是一个留学生不懂怎么做番茄炒蛋，于是打电话问妈妈。片子本身拍得很感人，也可以说是刷屏了，但有趣的是它引起了一个小小的争议点，就是番茄炒蛋那么简单的菜怎么可以不会做。当然，有人同意这个观点，也有人反对，这样才算争议。我想，这两个视频的原创人员可能没想过会引起争议，更加不会想到引起争议的原因，不在内容的主题上。

主动引起争议

近几年，“主动引起争议”的最经典的案例就是SK-II的那条“她最后去了相亲角”。关于所谓的剩女的题目，估计被争议了超过十年，只是之前没有“剩女”这个字眼。其实这个视频有好几个争议的维度。比如：

不结婚就是不孝吗？

为什么不可以一直单身？

婚姻和爱情的关系是什么？

严格来说，品牌方是没有立场的，它的观点就是支持女性做自己的主人，你高兴怎么做就怎么做。但视频里选的都是本来被父母逼婚，后来受到理解的女性人物，所以品牌方会被认为是支持某一方观点的，除非它涵盖了有其他想法的女性，如我是因为父母的原因才结婚的，虽然没有感情，但我也很开心。如果它能大面积地涵盖其他观点，就更能支撑它想表达的态度。然而，因为这条片子的目的就是为了引起争议，所以只选了其中一种最受争议的情况来放大。SK-II带出了一个有争议的题目，虽然立场没有很鲜明，但引起了大众的关注和讨论，从某种程度上来说，这就已经足够了。

有时候我们会发现，品牌越强，态度就越明显。比如，耐克就是一个很有态度的品牌，他们在 2018 年年底，品牌成立 30 周年的时候，拍了一支广告片，其概念是 dream crazy，意思是做梦也要做得疯狂一点儿。这种追求伟大的态度，非常符合耐克的风格，也没什么好争议的。广告片的争议点在于为品牌代言的橄榄球运动员科林·卡佩尼克（Colin Kaepernick），他同时也是整条片子旁白的叙述者。其中有一句旁白是“Believe in something. Even if it means sacrificing everything”，中文的意思是“坚定地相信某些事情。尽管有可能要为此牺牲一切”。

卡佩尼克是黑人，一直很关注美国歧视黑人的现象。通常比赛之前，运动员都会唱国歌，唱的时候是站立并用右手捂在胸前。但是 2016 年，卡佩尼克为了表示对当时多宗黑人被警察枪杀事件的不满，没有做这个常规的动作，而是单膝下跪以示抗议，之后越来越多的黑人球员加入这个行列。这个行为本身就已经很有争议了，因为有些人会觉得他们不尊重国家，甚至美国总统也曾公开批判过这种行为。耐克用这个备受争议的人物来做代言人，立场相当明显，片子播出之后产生的后果也在意料之内。广告播出当天，社交媒体上有人烧鞋子、撕标签，以此表示不满，耐克的股价也下跌了 3%。

我曾经看到一篇文章说，耐克的创始人菲尔·奈特（Phil Knight）之所以会做这个决定，是因为有一天，他和黑人篮球明星勒布朗·詹姆斯（Lebron James）聊天时，说起他的孙子准备要拿驾照，他很担心，而刚好詹姆斯的儿子马上也要拿驾照了，但詹姆斯的担心并不是考试之类的，而是他的儿子会不会因为是黑人，就无缘无故被警察攻击。菲尔·奈特由此意识到黑人所担心的事情是其他人无法理解的，因此批准执行了这条广告片。也许没有其他品牌比耐克更适合做这个广告片了。

事实证明这是一个正确的决定，虽然刚开始的时候，有些消费者不买单，但后来，耐克的股价不但回涨，销量还增长了31%。据说，耐克还和科林·卡佩尼克签了合同，准备推出一个以他命名的系列产品。

有一个案例，明明是一面倒，都是骂声，但后来却成了成功的案例。它是罗马尼亚的一个巧克力品牌，因为品牌老化，年轻人觉得不适合自己，所以销量一直下滑。与此同时，有些年轻人对自己的国家不满，总想去其他国家发展，如去美国。于是，品牌方想了一个办法，将原本使用本国国旗来设计的产品包装换成美国国旗。结果，消费者反应非常大，他们觉得自己国家的品牌包装不能用其他国家的国旗，甚至在脸书上征集签名，然后去游行、示威等。

到这里为止，它和之前一面倒的案例一样，骂声一片，但不同的是，“被骂”是品牌方意料之中的。所以，他们“被骂”的目的达到之后，又拍了一条片子，内容的意思大概是为了顺应民意，他们决定将包装换回本国的国旗。而这条片子不只让其产品的销量大幅提高，品牌好感度也提升了，甚至将整个国家的爱国情绪给调动起来了，效果非常正面。

ROM
RÂUL, ROM-UL MI-E
PRIETEN NUMAI MIE!

ROM

ROM
Baton cu
Crema Rom

还有一种争议，是品牌之间的『战争』

之前提到的例子中所引起的争议都是社会性的，还有一种引起争议的做法是直接攻击竞争品牌。这种做法是国外先采用的，如很多年前，百事可乐的销量一直落后于可口可乐，于是百事做了一个既是营销，也是广告的项目，叫 Blind Test，就是在路上找一些普通人，让他们将眼睛蒙上，分别品尝两个品牌的可乐，看看喜欢哪个味道的人多一点儿，结果是喜欢百事可乐的人多一点儿。后来，基本上全球的百事可乐都一起做了这个项目。这个争议点，其实也是话题，到处都有人讨论哪个品牌的可乐味道好一点儿，当然每个人的口味不一样，存在争议是应该的。

另外一个经典案例是麦当劳和汉堡王，本来两个品牌的卖点是完全不一样的，但他们可能觉得用这种方式也会对自己很有帮助，所以就一起“玩”了。

法国的麦当劳有1000多家，而汉堡王只有二十几家，就便利性而言，双方似乎没有什么可比性。但是麦当劳在公路旁边帮汉堡王做了一个路牌广告，并和自己的路牌并排放着。路牌上写着麦当劳就在前面五公里处，而汉堡王则在两百多公里处，并且还故意将汉堡王的路线写得特别详细而复杂，所以汉堡王的广告牌特别高。这个创意一度引起了关注，变成了话题。

结果，汉堡王采取了反击，他们拍了一个视频，内容是一对年轻夫妻因为去汉堡王路途遥远，所以先开车去麦当劳买了一个大杯的咖啡。后来观众都习惯了这对喜欢“互怼”的冤家，只是静静地等待他们下一步的动作，这对品牌来说是好事。

麦当劳路牌广告 \\\

汉堡王的反击 \\\

国内品牌也有攻击对手的案例。一加手机刚出来的时候，硬件和软件的配置都很好，评分甚至比苹果还高。他们有一波广告，就直接攻击了当时的五大领先品牌，包括蓝莓、HTC、苹果、三星、和小米，效果很好。

#不将就#

不好用
#不将就#

一日一根皁
#不将就#

神州专车曾经直接说优步是黑车，虽然他们的做法不太受赞同，但因为关系到安全问题，有小孩的家庭会尤其关注这方面，所以他们约车就会约神州专车。

还有一个具有争议的案例，与之前提到的类别都不同。前一段时间，NBA 找了蔡徐坤做代言，品牌方的出发点很明显，就是想吸引一些女性观众，但这似乎得罪了一帮热爱篮球的男性观众。这个做法到底好不好呢？

从短期来看，粉丝增加是毫无疑问的，话题也肯定是有的。从长远来看，等到蔡徐坤不再代言，也不出席相关的活动了，因为他而增加的粉丝可能就会自然流失，她们不会因为这个代言就从不喜欢篮球变成喜欢篮球。同理，喜欢篮球的男性观众就算心里不痛快，也还是会看比赛。所以，我觉得过一段时间，应该就会像什么都没发生过一样。

能想出一个和品牌相关的有争议性的话题，对品牌是非常有用的大多数能引起争议的话题都是社会性的，或与生活相关的。无论品牌方在这个题目上有没有立场，起码显示了他们不只是为了卖产品给消费者，还很关心消费者生活的方方面面。这种做法，尽管不属于公益广告，但也不是纯粹的商业广告，所以一般会给消费者留下较好的印象，比做一个纯商业传播项目要有用得多。如果品牌方想利用同一个机会来卖产品的话，也可以用其他渠道和传播方式来配合。

为什么有短视频

05

短视频——一两分钟内用来做内容的视频；短视频平台

我们经常挂在嘴边的三个字——短视频，其实暗指了两个不同的含义。一个是字面上的意思，指时长较短的视频，如在一两分钟内用来做内容的视频。这些可以是品牌方自己制作的视频，也可以是来自某些以短视频为主的自媒体，如 papi 酱、一条等。如果是来自自媒体，那些短视频当然是配合他们自己的定位来制作的，如 papi 酱是搞笑风格。如果品牌方要做这种短视频的话，通常话语权在自媒体那里，只要选一些适合自己品牌性格的自媒体就可以了。

另外一种短视频是指那些视频平台，它们通常都有 App，现在最火的是抖音和快手。有的人喜欢刷抖音，因为觉得很好打发时间，一旦刷了就停不下来。也有人不喜欢刷，因为觉得浪费时间。其实喜欢和不喜欢的用户，只是心理状态不一样而已，原因是一样的。

我第一次知道抖音这个 App，是因为看《中国有嘻哈》，但它只是其中一个赞助商，一直也没有很火，直到他们找了一大拨儿明星，拍了很多比较搞笑的短视频，突然间就火了起来。那些短视频除了看起来好玩之外，用户也可以参与其中，通常的方式就是用同样的 BGM（背景音乐），做和明星同样的动作。那些动作说难不难，说容易，也需要练习一下才行，这种不高不低的门槛，反而增加了平台的黏性。但当时，它的知名度依然不如快手。

快手出现得比抖音早，而且主要是针对三、四线城市的用户，或者是大城市的外来务工人员。对于他们来说，快手就是最好的免费娱乐方式，而且里面的内容也是三、四线城市的用户产出的，很容易引起他们的共鸣。后来，奥美帮快手做了定位和传播，他们的洞察非常精准。

短视频背后的年轻人洞察——存在感

短视频想要针对年轻人的话，其中一个洞察就是存在感。尽管城市不一样，但追求存在感是年轻人的共性。如果你在一、二线城市，可能去一家网红咖啡厅拍几张照片，发一下朋友圈，存在感就来了。但是在三、四线城市或农村不一样，尤其是在农村，到处是山和田地，除了太阳，似乎没什么好晒的。如果有一个平台可以让这些年轻人有机会晒一下，效果应该很好。生活环境没什么好晒的话，就让他们晒创意。而且三、四线城市的生活没有一、二线城市那么紧张，时间比较充裕，对用户要求的门槛也不高，所以很多 UGC（用户生产内容）就这样产生了。

在外面打工的人肯定会想家，总喜欢看一些和自己的家乡有关的、让人感觉轻松又可以打发时间的内容，所以，点击观看这类视频的人很多。而观看的人多了，产出内容的作者也多了继续创作的动力，如此一来，就形成了良性循环。

所谓双微一抖，即微博、微信、抖音，是主打年轻人市场的品牌，很多人都会去了解一下，如果和抖音合作，能有什么样的玩法。但因为它是新推出的平台，有些品牌或许会感到焦虑。我们先从传播的角度来看一下这个平台。传统的广告分为硬广告和软广告，硬广告就是传统的广告，而伴随着社会的转变所分支出来的所有传播手段，可以说都是软广告衍生出来的，包括 BGC（品牌生产内容）、PGC（专业生产内容）和 UGC（用户生产内容）。

我们打开抖音，刷几个视频之后，通常就会出现一个硬广告，但也有可能是 BGC，就是品牌自己做的一个内容。网剧里的“创可贴”广告有可能会在这个时候出现，这类“创可贴”广告里通常会说，点击了解更多视频里的同款产品。但这个也可能是 PGC，BGC 和 PGC 都是品牌方付费的。比如，品牌方找代言人拍了一支广告，这就算 BGC，是官方的传播。同时，如果这位代言人在他自己的渠道，以比较软性的方式宣传这个品牌，那就算 PGC，但这可能本身就是合同里的一部分。

UGC是谈到抖音不得不提到的

至于抖音的UGC，我将其分成三类：第一类是纯自发的内容，和任何品牌都有没关系，抖音上的大部分内容都属于这一类。这类UGC对品牌方没有什么直接用途，最多是用来参考用户量和衡量内容主要的调性与自己的品牌是否搭配的。第二类是不可控的UGC，也可以说是“自来水”的一种。想要搜集这方面的数据是比较耗费时间的，就好比你看完一个电影去了一家餐厅，觉得菜品不错就介绍给了朋友，这种内容是不可控的，唯一可控的是自己产品的质量。只要你的产品做得好，服务无可挑剔，这种“水”自然就会来。第三类是可控制的UGC，抖音上做得最多的叫“挑战赛”，大部分都是品牌冠名的。举个例子，我见过一个用李诞代言的挑战赛，叫“我要好爸爸萌娃吐槽抖音挑战赛”，玩法也非常符合抖音的风格，用官方的BGM录一段自己配合的视频，效果有点像小咖秀，或者当年的后街男孩。

抖音是一个 UGC 平台，但 UGC 不是抖音独有的

其实，所有社交平台的内容都是UGC，发朋友圈晒网红咖啡厅也是UGC，但这属于第一类，纯自发的内容，不一定和品牌有关系。而我们经常在朋友圈里玩的那些小程序则属于可控制的内容，其中性格测试类的小程序比较受欢迎。可控制的UGC通常需要一个诱因，即用户为什么要参与，通常的做法是给予用户某些奖励，或者是用某个代言人来带动他的粉丝。

但如果那个题目或者玩法本身就很好，那么我们只需要在开始的时候稍微推广一下，就会有很多人参与了。我最近看过两个这样的例子，一个是罗志祥的，其玩法是合拍，罗志祥在右边的半个屏幕中做一个动作，而他的手被另外半个屏幕遮挡住，参与的用户可以发挥自己的想象力，拍一些不同的视频放在左边的半个屏幕中，这样两边的视频拼起来之后就会很好玩。

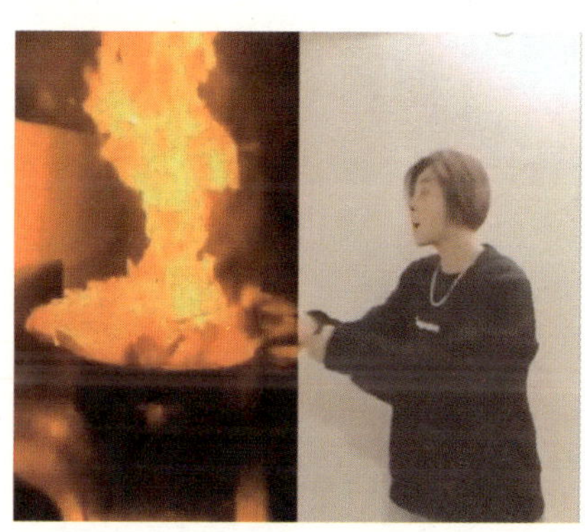

还有一个是 Vans 做的视频，其主题是扔 Vans，就是将 Vans 的鞋扔出去，它落回地面的时候，总是鞋底朝下，不会歪，也不会翻，让人感觉很神奇。然后，抖音上就出现很多类似的视频，很多人都在家里乱扔 Vans 鞋，结果真的都是鞋底朝下。一些视频中扔的是其他品牌的鞋，那个就不一定是鞋底朝下，真的很神奇。除此之外，这个活动非常符合用户“晒一下”的心理。

事实上，这两个例子介于可控与不可控之间。因为发布者虽然间接规定了题目，但对玩法没有太严格的要求。如扔 Vans，你可以从 18 楼将鞋扔出窗外看看是不是鞋底朝下，也可以扔其他品牌的鞋来比拼一下。罗志祥合拍的视频的创意空间更大，参与者可以随意设计他的手伸向什么环境和发生什么事情。

视频不宜太长；用户不介意看广告；前5秒是关键；优先选择竖版视频

我听朋友说过一个关于现在的年轻人看视频的报告，其中有几点我觉得比较有用：

视频的长度不能太长，最好能提前让他们知道大概有多长，因为他们的耐性似乎越来越短了，以前看的是三五分钟的微电影，现在看的是十五秒钟的短视频。

他们不介意看广告，只要内容好看就好。那些开始的时候装作不是广告，后面才发现是广告，而内容拍得又不怎么样的视频才最让人反感。

前五秒是关键，如果观众看了五秒都没发现有什么可看性的话，基本上就翻页了。尤其像抖音这种界面，手指一划就是下一条视频，别说五秒，有时候一秒都不到用户就翻页了。这也是为什么在脸书上，不到五秒就被关掉的广告不计入曝光量，脸书不能要求投放方支付费用的原因。

因为大部分用户用手机看视频，所以越来越多的视频是竖版的。但我觉得如果内容好的话，用户横着看应该也不会觉得太麻烦，当然还要看在哪里投放。尽管手机的精度越来越高，但面积相对较小，因此画面景象不能太宽，想看太多反而会看不清楚，尽量多采用特写镜头或者中镜。

平台的调性与自己的品牌是否相符

如果从传播的本质来考虑这些短视频平台的话，品牌方需要权衡的是这些平台的调性到底和自己的品牌符不符合。比如，抖音是专门针对年轻人的，虽然很多中老年人也会刷，但互动、产出的还是以年轻人为主。也因为抖音短视频起初十五秒钟的特性，造就了它以搞笑为主的风格。试想一下，如果我想讲一个感人的故事，语速自然不能太快，可能没说几句，十五秒就结束了。而且如果大家一直看搞笑的内容，你突然拍一个感人的视频可能也会显得有点格格不入。所以，尽管这个平台是针对年轻人的，但其调性也得和自己的品牌对应才好。

除了常规的硬广、BGC、PGC、UGC 之外，其实我们也可以采用一些混合的做法。宝洁公司的全球 CMO（首席营销官）曾说过，推广预算中有一半是没效果的，可我们不知道是哪一半。他还说 KOL（关键意见领袖）的数据有时候也不太可靠。我觉得完全不用 KOL 有点难，但想要数据完全准确也不太可能。所以我建议，如果品牌方的时间和预算都比较充沛的话，可以自己代理一些 KOL，找一些刚出道，打算做“网红”，气质也和品牌相符的人，甚至可以同时找几个人来做。

很多品牌失败的原因
是因为品牌方很清楚
自己成功的原因

我虽然不刷抖音，但觉得抖音很厉害。我发现有一个导致很多产品或者品牌失败的原因就是品牌方清楚自己成功的原因。很多品牌一开始做得很好，后来却做得不好了，其原因就是品牌方沿着成功的做法一直做下去。就好像打乒乓球，你发一种球，对手接不了，但你不停地发同一种球的话，对手早晚会知道怎么接。抖音聪明的地方在于知道这些流行的内容都是一时的，所以抖音在到达顶峰之前，就会想怎么玩点儿别的，不会因为之前的成功而自满，比如，在达到第一个高峰后，便想从排名第二变成第一，因此只能转移目标去“攻打”三、四、五线城市。这个调性与其一开始的高档次调性是有分别的，但抖音还是做到了。

短视频平台并不神秘，它是一个可以用手机观看，同时可以互动的电视台，也是一个产出不同内容的媒体，但无论如何，它都离不开硬广告、BGC、PGC 和 UGC。

为什么不分享

06

分享，是人类的本性

Social communication（社交传播）是从 2011 年开始兴起的产物。我们认为现在是“后 social（社交）”时代，是因为人们已经从开始热衷分享，到现在慢慢回落，甚至有一部分人开始厌烦这一现象。

在探讨为什么不分享之前，我们先说说为什么分享。其实，分享是人的本性，只是我们以前不是用电脑、手机去分享，而是通过见面、吃饭、聊天来分享最近的情况、看过的电影、读过的书、思考过的道理等。我们听过一个特别好笑的笑话，会忍不住分享给身边的人，有什么好消息，也会想要告诉最亲密的人。

按照《人类简史》的说法，人类能够统治地球，是因为语言和用语言沟通的能力，因为我们喜欢“聊八卦”。其实“聊八卦”就是分享，这个可以说是人类从七万多年前遗传至今的基因。所以笼统地说，分享本身是我们的本性，区别只是在于我们要分享什么内容，分享给什么人，用什么渠道去分享，以及分享背后的动机是什么。在网络上分享方便了很多，也复杂了很多。坊间有很多关于分享的心理分析，我认为用一个词可以概括，就是 self-fulfilling（自我完成），每次分享的动机可能不太一样，但都是一次自我完成。

分享的内容可以分为两种：

A. 自发分享

B. 转发分享

分享的内容大概可以分为两种,一种是自发的,另一种是转发的。

比如，我去喝一杯咖啡、吃一顿饭或看一个电影之后，发两句感悟，晒一下情怀，或者只说两个字——好喝、好吃或好看，这个内容就是原创的、自发的。即使我借用电影里的某一句台词发个朋友圈，尽管从版权的角度来说这不是原创的，但如果我们不讨论版权的问题，而只看这句话背后的动机的话，这句台词起码是我挑选过的，认为有感觉，可以涵盖某些意义的，从表达的出发点来看，这就是原创。转发的分享转的可能是文章，也可能是别人发的图片，当然，也有自发和转发两者相结合的情况，如转发的同时加上自己的意见，这都是很常见的。

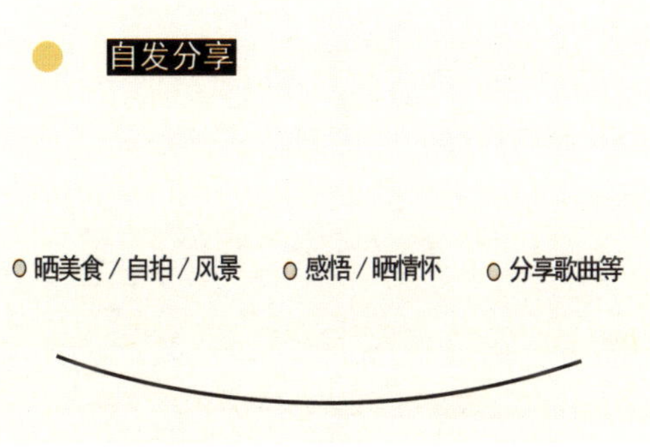
自发分享
晒美食 / 自拍 / 风景
感悟 / 晒情怀
分享歌曲等

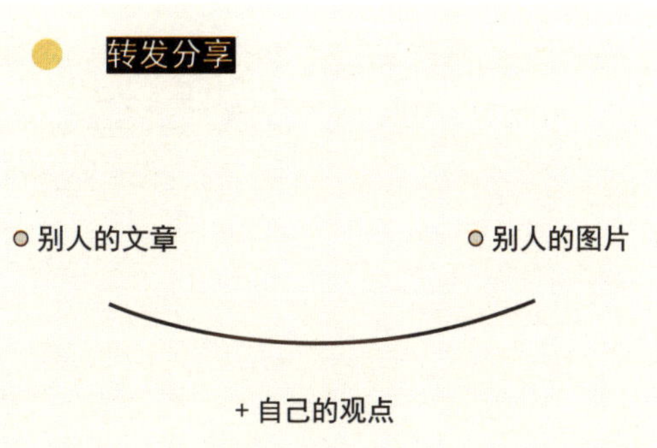
转发分享
别人的文章
别人的图片
+ 自己的观点

分享的动机：

A. 分享价值

B. 分享娱乐

C. 从众心理

其实，所有的分享都是UGC，如果品牌能做到让人在分享的时候都带上个人意见，这种传播效果是最大的。我将人们分享的动机分为三种：一种是分享价值，如对某些事情的看法，某些生活感悟等，也包括某些人看完一篇文章，觉得其内容和自己的观点不谋而合，于是就转发了的情况，或者分享一些公益性的文章、小游戏、H5等有价值的内容。另外一种是分享娱乐，包括笑话、音乐等，这些大部分都和自己的兴趣有关系，相对比较轻松。不过有时候，价值和娱乐是很难界定的，我们也没必要分得太清楚。还有一种分享的动机是从众心理，即羊群心理，就是大部分朋友都转发了，我也要转一下，以此刷存在感。

为什么我说每次分享都是自我完成的过程呢？因为分享的时候，无论出于哪一种动机，其实都是为了体现自己对自己的“人设”。比如，我转发相关的文章以显示我对某些领域的见地，或者评论某个餐厅或咖啡厅，以彰显我想投射的品位。

但有些人本身就有自己的见地，有些人本来就经常去那些餐厅或咖啡厅，他们只是把事实直接说出来而已。这些人也许希望引来别人羡慕的眼光，但这不一定是虚伪的。

还有一种分享是被迫分享，比如玩小游戏或心理测试，不转发就不显示答案。

社交媒体疲劳（Social Media Fatigue）

那么，为什么那些本来积极分享的人，现在慢慢地不分享了呢？

有一个词，叫社交媒体疲劳。微信刚出来的时候，没多久就抢占了微博大部分的流量，其原因是微博是大众的，关注的人不需要是真正意义上认识的人，你可以关注任何一个人，包括认识的朋友、不认识的明星，和任何感兴趣的账号。而微信的朋友圈里都是“自己人”，和认识的人的交流和互动自然会比较多，这就是当时微信火起来的主要原因。

但是，时间长了以后，社交疲劳出现了，兴趣也随着时间变淡。这是理所当然的，因为人会日久生厌，尤其在现代资讯泛滥的社会。去咖啡厅花一个小时拍照，两个小时修图，然后发朋友圈，再不停地看点赞数多不多，这真的让人很疲劳。兴趣盎然的时候是享受，兴趣消磨之后就是折腾。

后来，微信的朋友圈也可以设置成三天可见，或半年可见，我想去看看某个朋友的近况如何，结果根本看不到。渐渐地，看朋友圈的人少了，点赞数自然也少了，发朋友圈不单实现不了自我完成，甚至有时候会让人觉得很失落，因为没人点赞。

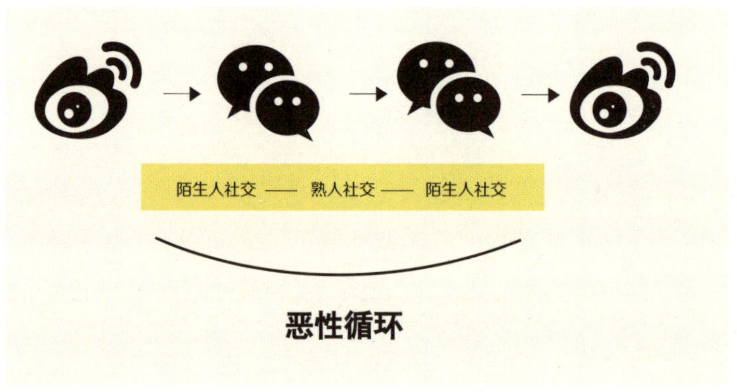

物极必反！

再后来，朋友圈里多了很多不认识的“朋友”，有一些可能是从来没说过话，甚至都不知道什么时候加的所谓的朋友，尤其是那些经常改签名的人。我每隔一段时间就会删除一些名字陌生的朋友。当微信好友里渐渐多了公司的同事、老板，甚至客户之后，朋友圈里便不再只有单纯的朋友了。所以，我们分享的时候会怕说错话，但分组的话又很麻烦，所以朋友圈发得就越来越少。本来不停地刷朋友圈，并且每次都要刷到底的习惯，一旦被破坏过一次，很快就没了。微信刚推出的时候，功能很单一，但随着其功能越来越多，用户的黏性却越来越低。我觉得只能说，物极必反。

其实国外也一样，脸书的功能越来越多以后，很多人觉得麻烦，而反过来看 Instagram，它的功能非常单一，就是给用户提供一个发图片的平台，所以一直那么受欢迎。

原本花在微信上的时间去哪了？

有人问，那些本来花在微信上的时间，到底去哪了呢？继续将时间花在手机上的人，可能去了其他平台，如看新闻资讯、听音乐、打游戏、看电子书等，简单来说，就是时间分散了。而不再将时间花在手机上的人，可能回归到了原本的生活，如约朋友吃饭、看电影等。这也是前文所说的物极必反，虚拟世界待久了，就想回到现实。

所谓流失的流量，其中一部分回到了微博。但因为微信的出现，微博不停地想办法应变，因此，渐渐地，其社交功能变少了，新闻资讯的内容却变多了，变得有点儿像今日头条。有一段时间，很多另类新闻都是在微博上发酵的，于是慢慢地，人们似乎形成了一个观点：看另类新闻就去微博。

除了微信，那些很有分享意愿的人会去哪里呢？一部分人会去一些其他有分享功能的平台，如小红书、bilibili 以及抖音、快手等短视频平台，而且，在这些平台分享之后，评论数会相对增加。很多时候，被分享的文章本身没什么特别的，但那些评论却很有趣。这也证明了，分享是人的本性，只是渠道的问题。bilibili 的弹幕就是因为这个本性而兴起的。

我们本来花在微信上的时间是偷来的

其实，在很大程度上，我们本来花在微信上的时间是偷来的。比如，上班的时候偷个懒，刷一下朋友圈；和朋友吃饭，在上菜之前无聊的时候刷下朋友圈；去影院看电影，在剧情不太精彩的时候也刷一下朋友圈。现在，大家又回归到专注做一件事情的状态——认真上班、好好吃饭、专心看电影，因为即使刷朋友圈也看不到几条更新状态。不过估计很多人在睡觉前喜欢刷一下朋友圈，所以微信使用的晚高峰是在晚上十点以后。

现在的分享
开始有了人情味

现在的现象是人们从虚拟世界回到了现实生活中，其实是有了越来越多的人情味。分享是本性，只是在朋友圈分享而实现自我完成的功能越来越差了。大家其实还在分享，只是从分享到朋友圈变成了见面分享，或分享到某个群，分享给某一个人，分享出去的圈子越小，越能显示我们分享的意愿。

虽然朋友圈的活跃度降低了，公众号的阅读量也小了，但是作为聊天沟通工具，微信暂时还是无法取代的。如之前提到的，单纯一点的 App 反而会活得久一点，豆瓣就是很好的例子，这么多年来它针对的人群从来没变过，虽然现在多了一些功能，但最起码内容的属性没有变，功能也没有多到让人厌烦的程度。

随着科技的发达，时代的转变，媒介也日新月异，这是意料之中的事。抖音流行起来以后，所有客户都想拍抖音视频，即使他们并不清楚抖音适不适合自己的品牌，这也是不可避免的。现在大家发现刷微信的人少了，于是又不知道该怎么办了。其实这些都只是传播的渠道，渠道肯定会经常发生变化，只是变的速度不同而已，唯一不变的是人性。我们经常说洞察，洞察就是对人的洞察，不是对媒介的洞察。

物极必反，但本质不变

时间久了，人们产生社交媒体疲劳是正常的。好比人在外面社交久了，就想回到自己的小世界里；在家待久了，就想出去旅游。但无论如何，人性的本质是不变的，喜欢分享的人还是会喜欢分享，只是通过的渠道不同了而已。

二次传播＝民间的分享＝一个话题

之前提到，刷屏主要是靠二次传播。除了类似铂爵旅拍这种超大预算、超密集轰炸的案例之外，一般情况下，广告要做到街知巷闻还得靠二次传播。所谓二次传播，其实就是民间的分享。百雀羚的长条图刷屏的原因是采用了一种新的形式，“小猪佩奇”和“蛋炒饭”是因为内容比较打动人，“SK-II”是因为那个有争议的题目，这些总结起来就是话题。无论形式还是内容，我们转发的、分享的都是一个话题。只是因为社交媒体疲劳的产生，人们在社交媒体上的分享变少了，所以现在想要现象级的刷屏，我们可能需要在内容上下更大的功夫。

其实，刷屏代表广大群众都知道这次传播了，然而在这些人群里，有很大一部分不是品牌方想针对的对象，所以即使现在做不到刷屏可能也不是很大的损失。同时，因为所谓的碎片时间也开始分散，所以传播媒介的投放也相对复杂了。但也正因为如此，我们可以选择更精准的媒介来接触更精准的人群。

为什么要 slogan

07

Slogan是品牌用来和消费者沟通的一个价值观

Slogan 的中文译法不是很统一，有人称之为“标语”，有人称之为“口号”，也有人笼统地称之为“广告语”。如果让我定义的话，slogan 应该是品牌用来和消费者沟通的一个价值观。所谓价值观，可以是一种生活态度、一个产品的功能，或者是这个功能延伸出来的一个利益点。

其实 slogan 和其他类型的文案在本质上没有多大的区别，都是围绕着内容和技巧。内容是要表达什么，技巧是要怎么表达。内容要求精准，几个字就要把价值观说得很清楚。技巧的主要作用是为了加强受众记忆和赋予品牌一个调性。同一个内容，如果用不同的表述方式，消费者可能会有不同的解读。当然，有时候内容和技巧也可能是一体的。

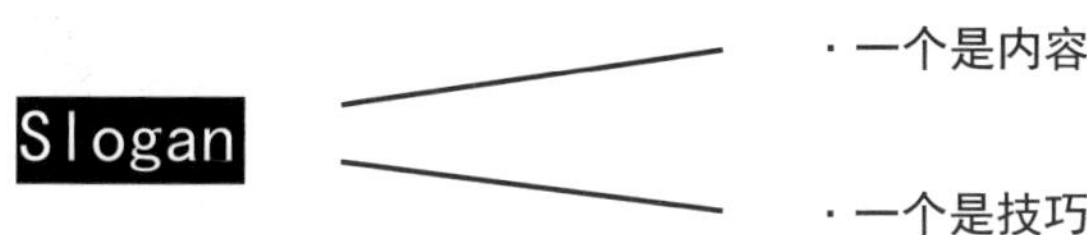

说到 slogan，我们一定要讨论一下耐克的“Just Do It”。这句话的创作灵感源于一名死刑犯，他在被执行枪决的时候说的一句遗言是：“Let’s do it（我们动手吧）。”当 W+K 的创始人之一 Dan Weiden 看到这个新闻之后，觉得“do it”这个说法既简单又潇洒，并在前面加了“Just”，于是耐克的 slogan 就变成了“Just Do It”。

阿迪达斯的 slogan 是“Impossible Is Nothing”，有人说中文的意思是“没有不可能”或者类似李宁的那句“一切皆有可

Dan Weiden(W+K co-founder)

能”，其实这都不够精准。因为它的 slogan 是“Impossible Is Nothing”，而不是“Nothing Is Impossible”，虽然这两句的三个单词是一样的，但次序不一样，意思差别很大。“Impossible Is Nothing”所表达的态度会强烈很多。如果我们保持同一个结构，把“impossible”改成别的词，就很好理解了，比如“对手 is nothing”，意思是我眼中根本没有对手，“破纪录 is nothing”，好像我随随便便就可以破纪录，其实语意中是带点鄙视、目中无人的调性。所以，“Impossible Is Nothing”表达的意思是鄙视一切所谓的不可能。

VS

Impossible is Nothing　　Nothing is Impossible

Slogan在传播中的角色既是起点，也是终点

Slogan 很明显是品牌资产的一部分，其在传播中的角色既是起点，也是终点。如果 slogan 能够深入人心的话，受众提到品牌第一个能联想到的就是它的 slogan，这就是起点。好的 slogan 会让消费者联想到，或者应用到自己生活的方方面面。“Just Do It”和“Impossible Is Nothing”就是很好的例子，我们平时即使不在与运动相关的场合，也经常会拿这两句话来用。

行业乱象：花大价钱做了定位，然后直接将定位当作slogan使用

现在很多咨询公司在做营销和传播的业务，其实我觉得无所谓，甚至觉得这是好事，多点不同层面的竞争，对推动行业的发展也有帮助。问题是有的品牌方花了大价钱找咨询公司做定位，但这个定位可能只是一句大白话，而品牌方却把它直接拿来当作 slogan 使用。这样不是一定不可以，但肯定不是所有的都可以。如前文所说，slogan 和其他文案一样，本质上就是内容和技巧。咨询公司给的定位是 slogan 的内容，而品牌方觉得不需要技巧，直接用内容就可以了。

品牌方直接将定位当作 slogan 使用有两个层面：一个是字面上完全不调整，直接用大白话；另一个是传播上完全不注重创意，认为直接喊那句 slogan 就够了。这些品牌方将 slogan 从起点变成了终点，中间没有过程。但我说的终点并不是指直接喊的这种用法。

苹果的 slogan “Think Different”，本身很有态度，独立出来也可以让消费者应用到生活场景中。但苹果更厉害的地方在于那条广告片，它里面有很多改变社会的伟人，而他们的伟大就是因为他们的想法和一般人的不一样，“Think Different”是整篇文案的结语。广告片的前面先由那些伟人来背书，再结合一篇感人的文案，慢慢引导我们做出一个结论：Think Different，这才是我说的终点的意思，即在整个广告的最后总结出一个 slogan。

Think Different 原文：

Here’s to the crazy ones

The misfits

The rebels

The troublemakers

The round pegs in the square holes

The ones who see things differently

They’re not fond of rules

And they have no respect for the status quo

You can quote them, disagree with them, glorify or vilify them

About the only thing you can’t do is ignore them

Because they change things

They push the human race forward

And while some may see them as the crazy ones, we see genius

Because the people who are crazy enough to think they can change the world are the ones who do.

我的译文：

向那些疯狂的家伙致敬

那些我行我素的

那些离经叛道的

那些惹是生非的

那些方孔中的圆桩

那些拥有异乎常人的眼光的

他们无视规则

他们不安于现状

你尽可以引用他们的话，不认同他们的观点，赞美或者诋毁他们

但你唯一不能做的，就是忽略他们

因为他们改变了一切，他们推动着人类前行

虽然有些人觉得他们是疯子，我们却看见了天才

因为疯狂到以为自己可以改变世界的人，才能改变世界。

牛仔裤品牌 Diesel 的 slogan 是“Be Stupid”，它的每个广告中都解释了什么叫 stupid，而且每个解读都让人心生向往。同样的逻辑，“Be Stupid”是用来总结那些广告的。我们不一定记得住每个广告里面具体的话语和画面，但都记得对里面的哲学和提倡的态度理解过、认同过，然后，我们记住了“Be Stupid”这句 slogan。

农夫山泉有一句 slogan，我觉得也很好。

“我们不生产水，我们只是大自然的搬运工。”

从策略来说，它的卖点很明显，就是直接灌装，但它并没有把策略定位的大白话直接变成 slogan，而是保留了那个内容，并加了一点儿技巧。这句 slogan 满足了我认为好的 slogan 应该满足的三个要求：

- 内容
- 技巧
- 能被消费者在其他场景中使用

前两个要求是最基本的，通常只要花点儿时间就能做得好，而第三个要求则相对比较高，“我们只是大自然的搬运工”就做到了这点。虽然有些时候，人们使用的内容是负面的，但并不会给品牌带来负面的影响。比如，我们遇到那些抄袭创意的情况时会说：“他们不生产创意，只是创意的搬运工。”我觉得这样的情况不但不会给农夫山泉带来负面影响，反而会带来一些正面的影响，因为这也是对农夫山泉的 slogan 的肯定。

除此之外，还有很多类似的例子，比如“不是所有牛奶都叫特仑苏”“吃点好的，很有必要”等，这些结构能够被很多人拿来更换一下字眼，然后变成自己平常用语或口头禅的 slogan 就是成功的。还有嘉士伯啤酒的那句“可能是世界上最好的啤酒”，这句 slogan 用“可能是”这个字眼，巧妙地避开了广告法的规定。它刚出来的时候，也有很多朋友拿来改编。

误区：生产方在自说自话

我们经常有一个误区，会把自己觉得好的卖点说出来，但近几年比较少见了。其实消费者想听的不是卖点，而是他们从这个卖点、这个功能、这个服务能得到什么。如果生产方只是从自己的品牌出发，忽略消费者的感受，那就是在自说自话了。联合利华以前有一句 slogan 是“有家就有联合利华”，其实我没读懂这句话到底想说什么，是说家里总有一些产品是联合利华的，还是说所有家用产品联合利华都有？即使它的解读没有问题，可是这种自说自话的 slogan 对消费者有什么意义呢？

生产者自说自话

消费者态度

网易新闻在2017年做了一次品牌升级，升级之前他们的slogan是“网易有态度”，这个有点类似自说自话的感觉，但不同的是它至少有点儿内容，让人知道这是一个有点儿不一样的新闻平台。品牌升级之后，他们的slogan变成“各有态度”，加了一个“各”字，整个意思就变了，价值观导向从品牌方变成了消费者。

服装品牌GAP曾经尝试在社交媒体上更换新的品牌标识（logo），但消费者非常不喜欢，反应很大，甚至有人把新标识的设计应用到其他服装品牌的标识上，以此来吐槽GAP的新标识。结果，官方很快就将所有物料都换回了旧的标识。所以说，标识可能不是属于品牌，而是属于消费者的。但这是好事，消费者如果不喜欢你的话，根本不会关心你改得怎么样。同理，slogan也可能是属于消费者的。

Slogan可能不属于品牌，而是属于消费者的

很多年前，中国香港的一个公益广告的slogan是“生命无take 2，小心第一步”，“take 2”是拍片的用词，意思是再来一次。这句slogan出来之后非常火，但几乎所有人都只记得前面半句，后半句却鲜少有人提起过。这个反应其实很合理，相对于前半句，后半句的确显得有点儿弱，也有点儿多余。

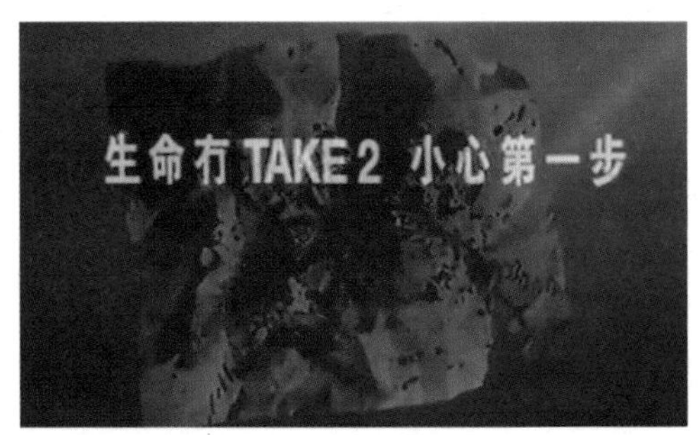

以前，当我问别人动感地带的 slogan 是什么的时候，通常得到的答案都是“我的地盘我做主”。但其实，这是错的，正确的应该是“我的地盘听我的”。其实，从品牌方的角度来说，“我的地盘听我的”更合理，因为他们是通信公司，沟通是最大的功能。所以用“听我的”是非常合理的。但消费者不这样想，尽管意思一样，他们还是喜欢按自己的方式来。当然，“我的地盘我做主”也相对顺口一点儿。最后，到底哪句真、哪句假已经不是很重要了。

有人说，slogan 的字数越少越好，我不能完全苟同。比如，宝马中国曾经试过只用一个字——“悦”，因为宝马在国外用的是“JOY”。我觉得有好处，也有弊端。好处是一个字的 slogan，本身就很有卖点，可以把它拿来做话题。但应用的时候，只看视频广告片或者平面广告都没什么问题，但若读出来的话会感觉不太方便。而事实上，单独用一个“悦”字的传播物料也的确不多，我们比较容易找到的是“BMW 之悦”。

Slogan是字数多好还是字数少好？

Slogan 的字数太多当然不好，但多少才是太多？我觉得这取决于内容和写法。比如，农夫山泉的“我们不生产水，我们只是大自然的搬运工”，一共 17 个字。很多人可能只记得后半段的“大自然的搬运工”，这样也够了，但其实记住整句话也不会很难，因为它的前后有逻辑在做自动的连接，读起来也很顺口。

关于 slogan，其实长短并不重要

另外一个例子是香港以前的一个手表广告的 slogan：不在乎天长地久，只在乎曾经拥有。我刚看到这句话的时候，第一反应是有点儿长。然而，这句话出现之后，很多人都用来做口头禅。当然，那几条超级经典的广告片也是家喻户晓的，里面都是大牌明星，包括周润发、梅艳芳等人，导演徐佩侃也非常厉害。这句 slogan 就是总结整个概念的一句话。当我们说起这句 slogan 的时候，脑海里会闪过相关的画面。所以，slogan 的长短其实没有很重要。

那些能成为消费者平常用语或者口头禅的 slogan，一般内容上都是偏态度多一点。但有的 slogan 可能直接说明了产品的利益点，平常不一定能借来用，但也可以家喻户晓，如“只溶在口，不溶在手”，还有“怕上火喝王老吉”。

新媒体时代，碎片化的时间里，slogan在扮演什么角色？

我们都在思考一个很多人比较关心，甚至焦虑的问题，即在这个新媒体时代、“后 social（社交）”时代，时间越来越碎片化，刷屏也越来越困难了，那么 slogan 的角色会不会和以前不一样呢？如果按照之前我对 slogan 的定义，品牌是用来和消费者沟通的一个价值观，那么它应该是某次传播的终点，然后变成消费者和品牌之间联想的起点。除了喊口号的方式，让消费者记住 slogan 还有两种方式：消费者接受了这个价值观，然后记住；消费者被感动了，然后记住。所以，归根结底还是内容和技巧。一条高品质的视频广告，它总结的那句 slogan 往往很容易让人记住，这和新旧媒体没什么关系，打动消费者的是那个价值观，一个有推导过程的价值观。

没预算怎么办？

拍摄视频或者电视广告片并不是唯一的方法，之前提到的Diesel的那套“Be Stupid”的平面海报，如果推出的时候有中文版，我觉得也能刷屏。如果将这套海报应用在新媒体上，可以在其中加点儿能配合主题的动态设计，或者做个小游戏，搞个另类的展览，推出一些不实用的小发明之类的。然而，所有的媒介形式其实都是在为这个价值观服务，而不是slogan在为媒介服务。

Slogan应该有内容、有技巧、能融入消费者的生活，它和品牌及标识一样，都是属于消费者的。而好的slogan，不只要让消费者记住那几个字，更重要的是记住其背后总结的一个价值观。所以，slogan最好配合广告传播的内容和文案，这样才显得有价值。

我们在日常生活中借用了很多slogan来做口头禅，这就证明好的slogan真的可以深入人心，同时也证明，消费者对广告不一定是反感的，只要我们做得够好，能打动他们，他们就会接受。

为什么要年轻化

08

品牌为什么会老化？

品牌为什么要年轻化？最直接的答案就是因为品牌老化，产生了问题，所以才要年轻化。那么，为什么品牌会老化呢？大部分的原因是时间长了，喜欢这个品牌的粉丝都“老”了。

如果品牌的形象、定位一直都没调整过，和新生代的消费者有代沟是很正常的，那么品牌老化了之后，会产生什么问题？最明显的问题就是销售下降。时间长了，自然有其他品牌出来和你竞争。另外，即使你的品牌的粉丝都是“铁粉”，忠心不贰，但随着年龄的增加，他们慢慢变成熟，消费观自然会不一样，也可能没有年轻的时候那么冲动了。他们的消费力可能提高了，但消费的产品和服务，也会随着年龄的增长而发生变化。所以，喜欢你的品牌的人不一定少了，但销售肯定会受影响。

最简单的例子是可口可乐，它有一百多年的历史，但除了刚推出的时候，后来的推广基本上都是针对年轻人的，好像老年人很少有超级喜欢喝可乐的。随着年龄越来越大，我们可能还是喜欢某些品牌，但不一定会去消费。

1899-1902
1900-1916
1915
1957
1961
1991
1993
2007
Coca-Cola

尽管品牌的定位针对年轻人，但也需要根据时代的变化不断调整

品牌需要年轻化的另外一种情况是，尽管品牌的定位一直是针对年轻人的，但因为时代的改变，不同年代、同样年龄的人，心态和价值观也不一样。二十年前三十岁的人的心态，和如今三十岁的人的心态肯定不一样，所以，尽管你是一直针对年轻人的品牌，也需要不断地进行调整。就像可口可乐虽然一直针对年轻人，但时代不同了，我们以前提倡世界大同，而现在的年轻人则可能相对自我，所以可口可乐也需要做出调整。因此，当年它的一条广告是几百个年轻人一起唱一首歌来表达世界大同，而现在则是为消费者量身定制专属的瓶瓶罐罐。

品牌需要年轻化，在中国有一个更重要的原因，就是现在的年轻一代大部分都是独生子女，他们成长的时候，社会和经济也在飞速发展，而他们所处的经济环境是相对富裕的，所以消费观肯定会不一样。尽管年轻的定义比较模糊，但无论是指“80后”“90后”，还是“00后”，其心态、价值观和消费观肯定和以前都不一样了。

品牌年轻化失败案例——GAP

GAP也遇到过品牌老化的问题，尽管其产品设计在不停地更新，但一直是针对之前的消费群来变化的。慢慢地，消费群变老了，设计也相对沉闷了，年轻人不买账是理所当然的，因此年轻化似乎势在必行。于是，GAP设计了一批衣服，颜色比较丰富，剪裁比较街头风。但是问题来了，之前那些“铁粉”觉得现在的设计已经不是自己喜欢的了，而品牌想要针对的新一代年轻人则觉得改变太肤浅，他们一眼就能看穿你是真的年轻，还是装嫩。所以GAP的那次推广，不只年轻化失败了，连本来的粉丝也丢失了。

20世纪80年代的GAP\\\

2000年左右的GAP\\\

品牌年轻化失败案例——李宁

2010年，李宁进行了一次品牌重塑，将“一切皆有可能”更换为“Make the change”。它在一次推广活动中使用了“90后李宁”，本意也是想针对年轻人，但很多消费者不是“90后”，就会觉得“这不是我的品牌了，但我明明是粉丝，你现在却把我拒之门外”。而“90后”的想法则是“你说自己是‘90后’，就是‘90后’了？凭什么呢？”结果，新的没来，老的也走了。归根结底，年轻化不是做表面功夫的事情，不能只有表面没有内核，不能光喊口号没有内容。年轻化，必须让年轻人有共鸣。

价值观会随着时代和社会的改变而转变，但人性是永恒的。它们之间并没有矛盾，而且我们还要将两者结合起来考虑。在社会不断发展的过程中，我们追求的是生活的便利和舒适。比如，我们发明了塑料袋，当时觉得既卫生又方便，但过了几十年之后才发现原来它非常不环保，于是又开始觉得应该对环境负责。又比如，大部分人都有追求名牌、奢侈品的心态，虽然每个人对名牌的定义不太一样。慢慢地，外面的世界看得多了，该拥有的也都拥有了，我们开始喜欢小众的牌子。我以前怕自己用的牌子没人认识，现在却怕用的牌子和其他人一样，这都是因为价值观随着时间而发生了改变。

所谓永恒不变的人性，都有哪些呢？

比如，我们一直追求美，虽然美的定义经常改变。

比如，我们从喜欢大牌，到喜欢小众品牌，表面上看似反差很大，但骨子里都是想彰显自己的优越感。

比如，我们讨厌虚伪，喜欢诚实，这是天性，但这和我们本身虚不虚伪、诚不诚实没有关系。

比如，我们喜新厌旧，感觉上好像是变来变去的，但喜新厌旧是人的本性，这一点一直没变过。

品牌年轻化成功案例

——百雀羚

百雀羚已经有八十多年的历史了，以前有很多大明星都用过它的产品。但如今喜欢它的人群已经老了，甚至过世了，而新生一代对它没什么感觉，甚至觉得那是老一辈才用的品牌，这种情况可以简单地称之为代沟。其实很多品牌都会遇到这个问题，而且越出名的品牌越容易遇到。比如，当年全球销量第一的万宝路香烟，对于年轻人来说，就是爸爸一辈用的品牌，已经不适合他们了。

百雀羚的那条刷屏的长图文，虽然没带来什么销量，但对于品牌年轻化的帮助却很大。那么品牌年轻化的效果到底该怎么衡量？其实它很难量化，但绝对不能按照一次传播的销售效果来判断。如果百雀羚只是做一条长图文，效果可能不会很大，但其实品牌方做了很多事情，而且是持续在做。

他们会进入年轻人的世界与其沟通。百雀羚有一个部门叫“万万没想到”，这个部门专门搜集、筛选用户的愿望，然后采取行动。比如，品牌方知道某个消费者即将结婚，就会寄去花生、红枣、桂圆、莲子等有寓意的礼物。二次传播尽管不一定刷屏，但因为是发自消费者内心的口碑，影响力特别大。

还有其他传播物料或者创意，品牌方也会用年轻人的语言。比如，其中一次传播的标题是“小雀幸”，他们将年轻人经常说的“小确幸”中间的字换成了百雀羚的“雀”，将品牌资产调整到年轻人的频率。当然，他们还有其他不同的营销方法，如找国外的华人做 KOL，以此提升品牌形象。

08为什么要年轻化

品牌年轻化成功案例

——江小白

江小白也是一个正面的例子。尽管江小白的历史没那么长，但一出品就主打年轻人市场，而且他们的方法也值得学习。学习不一定是复制那些走心的标题或包装，这些都只是执行手段，最关键的是要引起年轻人的共鸣，而不是简单地喊口号，或改动一些表面的东西。

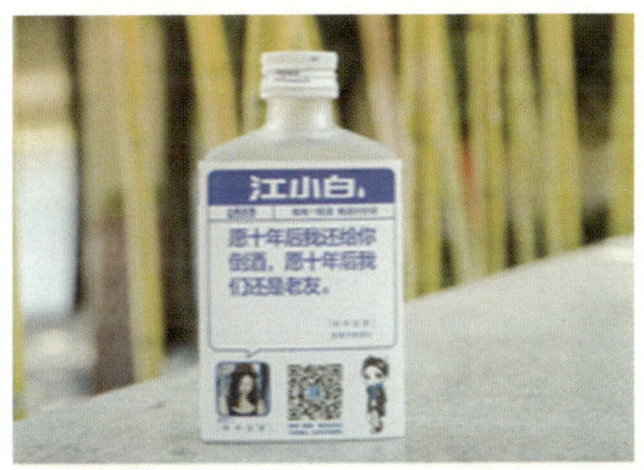

品牌年轻化成功案例

——老干妈

严格来说，老干妈不能说是年轻化了，因为它本来也没有老化。在营销方面，老干妈起码做了三件事情：一是在国外炒作新闻，然后反过来传回国内。这个动作肯定是为了中国市场，因为吃老干妈的外国人毕竟还是少数。二是在网上炒火了一句话：“让每个男人见了都血脉贲张，欲罢不能的女人——老干妈。”三是在时装周推出自己的服装，不过如今看来，这个有点像常规动作。

从产品出发，由内而外

这几个成功的例子，都是从传播和营销层面入手，引起年轻消费者的共鸣。其实，还有一个治标也治本的方法，就是从产品出发，由内而外。如果产品变年轻了，品牌再基于此进行传播的话，就已经成功一半了。

品牌年轻化成功案例——李宁

之前以“90 后”做口号，但失败了的李宁，这两年却将服装设计变成了真正的潮流，在纽约时装周进行展示，更加证明了他们的潮流设计是被国际认可的。有人说：“以前没钱，买李宁。现在，没钱买李宁。”这句话有一半是比喻，另外一半的意思是，它现在的品牌形象不一样了。

品牌年轻化成功案例——LV

开始的时候，LV 有点被动，因为中国市场和国外市场不一样，他们发现在中国，喜欢买 LV 的女生越来越年轻。于是，他们在设计上花了点儿心思，让设计年轻一点儿。见效最快的方法，就是找一些年轻的偶像合作。因此，他们找不同的设计师改造他们的经典包，包括川久保玲设计的那款破洞包，还有与村上隆合作的一些款式，最厉害的是和 Supreme 的合作，他们连产品的花纹图案都采用品牌交叉的形式，一眼看上去就让人感觉很年轻。

颠覆行业的品牌年轻化案例——宜家家居

我之所以提到宜家家居，并不是说它的品牌老化或年轻化，而是想说整个家居行业。几十年前，买家具都是老一辈做的事情，但宜家家居让消费者感觉像是在逛大超市，并且大部分产品都需要自己组装，这种玩法就很年轻。当然，他们的出发点是帮消费者省钱，但省钱也可以有很多方法，很多不同的调性，而宜家家居基本上是把行业颠覆了。

→

颠覆行业的品牌年轻化案例——茶饮料

另外一个颠覆行业的案例就是茶饮料。在我们印象中，一般都是年长的人比较喜欢喝茶，当然也有年轻人喜欢研究传统的茶文化，但毕竟是少数。有了方便的、口味多样的茶饮料之后，我们现在手里拿一瓶茶饮料，一点都不会有年长的感觉，某些茶饮料的品牌甚至是年轻的代表。

品牌想要年轻化，有两点非常重要：传播不能表面；从产品出发

现在的年轻人，尤其是“90后”，很多都不爱社交，他们享受孤独，不喜欢工作就马上辞职，同时又喜欢表达自己，不喜欢大众的品牌，越来越喜欢小众的，或者国内没有的品牌，甚至喜欢亚文化。而且，他们的喜好也会随时发生变化。

因此，在传播方面，我们可以顺着这些方面来思考。既然“90后”喜欢表达自己，那么品牌就思考该怎么帮他们表达。有一个简单、“粗暴”的方法可以引起共鸣，就是用明星代言，但效果的好坏取决于我们怎么使用。比如，百度之前找了几位年轻人非常喜欢的明星，拍了几支视频，但这些明星只是出来说了说百度的功能，虽然也有一定的效果，但与SK-II用窦靖童代言的方式相比就稍显逊色了。SK-II在用窦靖童代言的同时，推出了两个特别版系列，一个是用国外有名的插画师的童话故事来做包装设计，另一个是将涂鸦应用在包装上。除此之外，他们还量身定做了一个音乐短片，我看完之后都有买一瓶的冲动。所以，用明星代言要从多维度进行考虑，这样才更容易引起消费者的共鸣。

大品牌可以推出
一些小众品牌的产品
来迎合不同的年轻人的喜好

在产品方面，我想针对大品牌提出一点建议。既然年轻人越来越喜欢小众的品牌，而大品牌背后有充足的资源和预算，何不推出几个小众品牌呢？比如，各种洗发水的配方都差不多，大品牌完全可以投资开发更优质的产品，并作为小众品牌进行销售，这样的话，小众品牌的产品价格也可以相对提高一点。

我听过一个故事，英特尔从很早之前就是做芯片的“老大”，那时候电脑的体积很大，所以芯片自然也不会太小。随着科技的发展，电脑越变越小，直到变成现在我们使用的个人电脑和手提电脑。英特尔公司当时看见了这个趋势，认为只有两个方向可以走，一个是保持现有的大型芯片的生产，然后慢慢过渡到小的、微型的芯片；另外一个是把现有的生产线关掉，直接投资研发微型的芯片。

当时很多人都建议用第一个方法，其原因只有一个——他们是和生产线一起成长起来的，有了很深的感情，如果关掉的话，可能很多员工会因为适应不了新的生产需要而失业。当时的执行总裁只问了自己一个问题；“如果我从外面聘请一个执行总裁来处理现在的情况的话，他会怎么决定呢？”从外面聘请的人员不会受感情因素的影响，他的决定会很客观，哪种转型最快、最有效，他就会选哪种。经过这个假想式的提问后，当时的执行总裁立即决定选择第二个方向，所以才有了今天的英特尔。

这个例子和我之前提到的洗发水是一个道理。既然现在年轻人不喜欢大众品牌，而大品牌无论怎么传播还是大众品牌，而且又不能关掉现有的生产线，那么推出几个小众品牌也是合情合理的。

顺势而为，不要自说自话，自欺欺人

改变，总要付出代价。改变能有多成功，取决于改变的决心有多大。品牌年轻化，不能只做表面功夫，我们必须要进入年轻人的世界，用他们的世界观来思考，真的懂他们，帮助他们表达自己，给他们互动的机会。我们也可以从产品出发，找一些年轻品牌来合作，或者直接研发、生产新的产品。简而言之，就是顺势而为，不要自说自话，自欺欺人。

为什么要做品牌

09

为什么要做品牌？

这个问题有两层意义。

第一层是那些原本做代加工的工厂，他们对产品的生产已经非常熟悉，而且有了一定的成绩，于是想试试做自己的品牌，如安踏、361° 等，他们一开始帮耐克、阿迪达斯做代加工，后来觉得生产产品的难度不大，就自己创建了品牌，以追求更大的利润空间。

第二层是传播上的意义，用传播营销的技巧来打造一个品牌。其目的是为了提高销量，当然，最终的目的也是为了提高利润。

品牌是无形资产，但有具体的价值和价格

品牌不是一个名字，也不是注册商标或标识，它可以说是无形资产，但同时又可以有具体的价值和价格。

每一年，不同的机构都会出一些排行榜，如“最具价值品牌 100 强”等，虽然每个机构评出的结果会有点出入，但只是差一两个排位而已，大体的结论是差不多的。一般排在前几位的都是谷歌、苹果、亚马逊等，腾讯在很多机构的品牌排行榜中都是第五名。

那么，品牌价值如何才能变现呢？有一些品牌可以直接卖掉，如很多服装设计师品牌，创办品牌的那位设计师已经不在公司了，但品牌的名字没变，这种情况我们可以认为他们把品牌名字卖了，因为公司每个季度还会研发、设计和生产新的服装，甚至风格也和之前的不同。而那些设计师将品牌名卖掉之后会带着他们自己的风格，投靠到另一个集团的品牌。

品牌的价值在消费者的心里

为什么无形的品牌会真的值钱呢？品牌的价值到底在哪里？其实，品牌的价值就在消费者的心里。品牌对消费者的作用，就是让消费者在心理上有优越感。买产品通常是买它的功能，但买品牌更多的是买品牌的价值观，并以此来体现自己的人设。尤其是大部分产品越来越同质化，成本也相差不远，唯一可以把价格差距拉开的就是品牌，我们把这个叫品牌的溢价。

比如，一件普通的白色T恤，没有品牌的话，可能只卖几十块钱，但如果衣服上多一个耐克的标识，就可以从几十块变成几百块了。我们的每一次消费通常都有两个维度：

一个是物质维度，就是具体的产品，其功能可能是我们物理层面所需要的；另一个是心理维度，就是品牌。品牌提出的价值观可以用来表达我们的“人设”。

如今的社会，大部分人的基本物质需求都可以解决，于是我们开始注重心理需求。但心理上的需求更难满足，因为它可以越来越高，甚至没有边界。所以，品牌做得越好，溢价的比例越高。耐克的 T 恤就是一个很好的例子，它证明了品牌可以把价格提高十倍以上。同时，品牌可以挤压对手，占据更大的市场份额。你去买一件商品，如果价格差不多，但一个是听过的品牌，一个是没有听过的，你会选哪一个？一个是包装漂亮的，一个是没什么包装的，你会买哪一个？这个其实是信任感的问题。所以，做品牌是必要的，我们也必须为此投入很多精力、时间和预算。

你会怎么选

一个听说过的品牌
VS
一个没听说过的品牌

一款包装漂亮的产品
VS
一款没什么包装的产品

最好的例子就是网红店。比如，喜茶和 Arabica 咖啡店，它们就是以品牌为主。虽然，这两家店的奶茶和咖啡都很好喝，但好喝的程度和排队时间的长度并不对等，这其中的差距，就是品牌的价值。我们消费的饮品是属于物质层面的，而当我们拿着饮品走路的时候，拍照、晒朋友圈的时候，就是彰显人设的时候，这属于心理层面和品牌层面。

品牌，

不一定是大牌，

也不一定要大众

如果品牌是一个人，他就是消费者想成为的人，想结交的朋友。“每个人都可以是一个品牌”，以前这句话要么用来做比喻，要么是说怎么设计自己的“人设”，但现在，这句话已经可以从字面上解读了。比如，那些网红 KOL 和明星，就是将自己变成了一个品牌。

爱是感性的，
不爱才是理性的

不要以为知名度高，就等于做好了品牌，除了知名度，品牌还需要好感度，最好能让消费者爱上你。那些洗脑式喊口号的广告，可能在推出的时候很有效果，但消费者只是对“产品”买单，只是他们需要那个产品或服务而已。但好感度呢？大部分人觉得这种广告不行，但说不出原因，其实就是品牌的问题。如果有竞争对手推出类似的产品或者服务，而且在品牌方面下功夫，拉动了好感度的话，很快就可以超越。

苹果从开始的小众电脑品牌慢慢发展至今，粉丝也从小众变成大众。苹果，就是让人们爱上它的品牌的最好的例子——起码乔布斯还在的时候是这样的。这点从一些小事情当中就可以看出来。其实苹果手机刚出来的时候，用起来是很不方便的。我记得很多功能，其他品牌已经应用了几年，苹果手机系统才更新到，如短信转发功能和文字复制、粘贴功能等。

但即便不好用，粉丝还是一直在用，我就是其中之一。当消费者爱上你的时候，他们就不介意你的缺点，因为爱是麻木的，也是包容的。爱是感性的，不爱才是理性的。

品牌和消费群，
在定位上是一种互动的关系

一般来说，我们针对某个消费群体，会按照他们的特性来给品牌定位。但现在是互联网时代，每个人都有发表意见的空间，所以很多时候，品牌的定位会由消费者来决定，如之前提到的 GAP 的标识和动感地带的 slogan 的例子。但品牌不只是标识或 slogan。

最近，杜蕾斯和其他几个品牌在 2019 年 4 月 19 日那天推出了几张互动海报。互动在这里的意思是，杜蕾斯以对方品牌各自的特点分别做了一张海报。海报推出后，消费者在评论区里骂声一片。无论是什么产品，都不能把传播做得没有底线，因为消费者的品位是有底线的。最后，他们把那些海报撤了，换了一批温和一点儿的。所以，品牌真的是属于消费者的。

罗马不是一天建成的，品牌也是。但毁掉一个品牌，可能一分钟就够了。品牌是每一个接触到消费者的瞬间，它之所以建立起来那么困难，是因为我们要把那些瞬间积累起来。一旦有负面新闻出来，之前积累的所有好感，都可能会立刻化为乌有。

前段时间在奔驰的4S店里发生的那起女车主投诉事件，影响也比较大。其实品牌方可以处理得专业一点儿、迅速一点儿，对消费者更重视一点儿。结果，现在这件事不只对其品牌有影响，甚至还影响了整个汽车行业。其他不同品牌的车主，也都把自己的车存在的问题喊了出来。

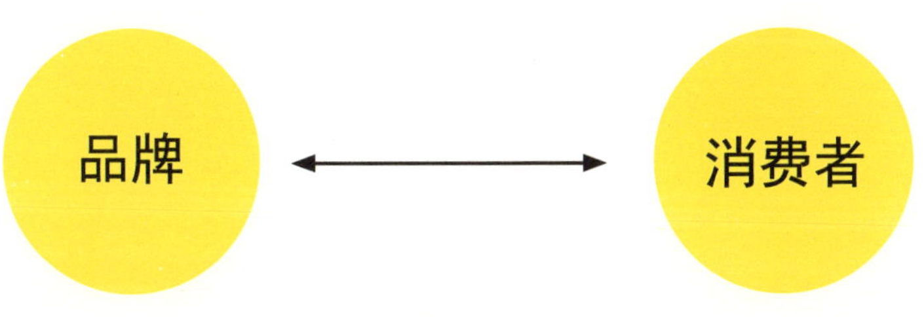

让员工对公司有归属感

做品牌还有一个原因，就是让员工对公司有归属感。一些大的品牌公司，可能有几十万的员工，如果品牌能让他们感觉很自豪，他们在平常的社交和谈吐中会很自然地散发出不同层面的优越感，对公司产生归属感这种发自内心的影响力是很强大的。

在互联网时代，应该怎么做品牌？

消费者对品牌的认知是从哪里来的？我认为是通过三种方式：摸回来、听回来、看回来。

摸回来，就是通过在实体店或超市直接看包装，或者买回家用。

听回来，就是口碑，可能是听家里人说过的，或者看别人在朋友圈晒过的。

看回来，就是通过从品牌方的角度做的官方或者非官方的传播。

摸回来　　听回来　　看回来

这三种方式没有时间的顺序。无论科技如何发达，社会如何进步，本质上这三个维度是不会改变的，只是比重大小的问题。比如，现在是互联网时代，“听回来”的渠道会比之前多很多，品牌方能使用的媒介也多了。

品牌想要给消费者留下好印象，唯一能做的就是在“摸回来”和“听回来”方面下功夫，如产品、服务和包装设计。消费者没那么笨，他们最多被骗一次。如果产品买回来，他们觉得不满意，达不到预期，或者觉得广告有夸大嫌疑，以后就不会再买了。还有一种情况，消费者用完产品之后，会有一些品牌诉求以外的感觉，从而在心目中形成另一个品牌属性。比如，某品牌洗衣粉的卖点是什么污迹都能洗，但消费者用完之后发现，相比其他品牌的洗衣粉，它只需很少的量就能洗得很干净，也意味着更省钱或者性价比更高，这就是在消费者心中形成的另一个品牌属性。

最好的品牌其实是产品

把产品打造得最好，品牌自然就来了。就像乔布斯当初唯一思考的是，什么样的产品最好用以及怎么优化现有的产品。

最近比较火的是华为品牌，尤其是屏幕可以折叠的 Mate X 和拍照功能十分强大的 P30 这两款产品。我觉得华为以前那么多年积累的品牌形象，其关注度还不如最新的这两个产品。所以产品厉害了，品牌自然会跟上。

还有戴森，它的吸尘器和吹风机虽然很贵，但功能强大，设计又漂亮。很多广告公司建议他们讲一点品牌故事，但他们都不在意，只专注做好产品。

华为 P30\\\

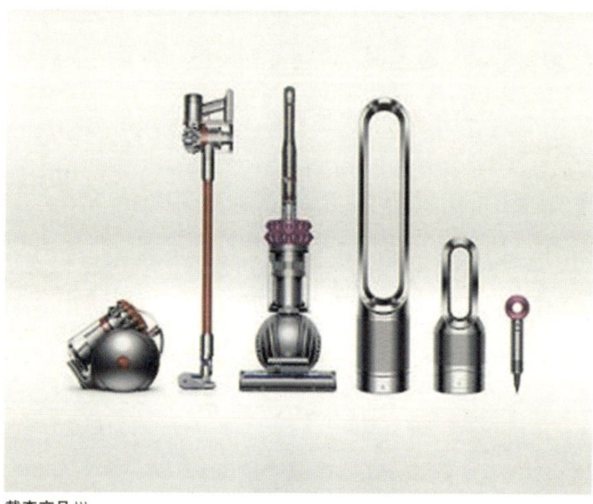

戴森产品 \\\

反之，如果产品支撑不了品牌的话，品牌说得再怎么天花乱坠也没用。所以，还是得老老实实做产品。

还有一个不得不说的品牌，就是无印良品。无印是没有品牌的意思，这个定位或者形象已经很超前了。而它的产品设计，也体现出了那种简约和冷淡的感觉。产品和品牌无缝配合，这也是老实的一种体现。

由于互联网透明度高、传播速度快的特性，品牌想要骗人或者夸大是不行的，自夸也没用。你是否真的关心消费者、关心社会，消费者一眼就能看穿，所以老实是最好的。

另外，尽管暂时来看，网红 KOL 还是大行其道，对销售的帮助很大，但在打造品牌方面，除非 KOL 行业有明显的变化，否则可能会有点难。KOL 可以带动销量，但他们很少有非常鲜明的个人形象，感觉好像每个都差不多。如果用明星代言，明星的性格和形象会通过他们的表演彰显出来，甚至一些娱乐新闻的报道，也多少会让消费者联想到他们的形象。但以现在的环境来看，KOL 很少可以塑造非常独特的形象。

渠道分散是事实，应该换个角度进行思考

在信息碎片化的时代，信息如此之多，消费者根本看不过来。所以很多信息如果无法在第一秒钟之内引起消费者的兴趣，可能就会消失。反过来说，如果前面一两秒钟能引起人们注意，但后续的内容跟不上也是不行的。简而言之，在保证质量的基础上，内容或创意方面需要考虑最初的一秒钟的画面或者标题，如何才能吸引人们看下去。

渠道分散是事实，讨论再多它也不会变成集中。所以我们应该换个角度来思考这个现象，如渠道分散了，我们可以量身定做和渠道更相关的传播。也因为渠道分散的特性，品牌针对的人群更精准，被浪费的无效传播也减少了。

这好比你以前是雇一个人，在一个路口说一句话，就能让十个人听见，而现在是雇五个人，在五个不同的路口，说五句不同的话，却只有五个人听见，而后再雇五个人，在另外五个不同的路口做一些表演，来吸引不同的人过来了解你。

之前虽然有十个人听见了，但其中可能有八个人只是路过，根本没有在意那句话。而现在，你可能花费了十倍以上的力气，但听见你说话的人，大部分都是你想让他听见的，被吸引过来的也肯定是对你有兴趣，甚至以后会爱上你的人。

渠道分散了，我们可以将传播也分散开来，这样做可能比之前累一点儿，但好处是和消费者接触的点多了，反馈的信息也自然多了，从而方便我们修整品牌形象和计划下一次的传播。简单来说，就是多做一点儿，并且做得频繁一点儿。

针对什么人≠用什么人来传播

无论时代和媒介如何变化，都要注意针对什么人和用什么人来传播是有分别的，关键要看受众向往的是什么。比如，口红针对的人群是女生，但不一定要用女生来传播，现在很多口红用男偶像来代言。同理，针对某个类型的人，也不一定要用同样类型的人来传播。

为什么不用焦虑

10

焦虑，是因为不确定性

焦虑可能出现在找不到问题的答案的时候，也可能出现在等待结果的阶段。

焦虑是一种心理问题，它是感性的，而我通常用理性来克服它。我认为焦虑的情况有两种：一种是当我们自己预估会产生不太理想的结果，或者有明显预兆的时候。遇到这种情况，我会先设想最差的结果，做最坏的打算，然后想这种结果会带来多么严重的后果，之后就会觉得其实也还好。比如，我有个项目做得很不理想，结果可能会被老板批评，但批评之后再重新做就可以了。更差一点儿的结果可能是丢了工作，那就再找一份工作，也许下一份工作会更好。再差一点儿的结果是失业一段时间，那我可以像木村拓哉一样度一个《悠长假期》，总有一天会有工作的。

另一种情况是我们对于结果的不确定。这个时候，我们需要从事件中抽离出来，客观地分析每个可能性及其带来的结果。通常客观猜想的结果有好，有坏，这时候我们需要保持乐观的心态，尽量想好的结果，因为：

如果情绪能够影响结果，当然是越乐观，结果越符合我们的期望；

如果情绪不能影响结果，它至少会影响我们等待结果的心情，倒不如乐观一点儿。

解除焦虑最好的方法是认清问题的本质

从传播角度来看，如果我们能预估一下未来的发展趋势，多点把握，应该会少点焦虑。近几年比较火的大数据，从传播的角度是指针对人群的精准度，但我认为这方面还有很大的改善空间。比如，我在网上购买一个手机壳之后，接下来连续几天，无论打开什么网页，都能看到手机壳广告。但是作为刚刚已经购买了这种产品的人，立刻再次购买的概率能有多大呢？我不喜欢开车，和朋友聊与车相关的话题也不会很多，但有一段时间，我的朋友圈天天出现与车相关的广告推送。

当然，大数据也有好的方面。比如，我在YouTube看某一类视频，它会推送类似题材，非常有用，在亚马逊上看书，类似的推送也会让我的眼界更开阔。如果未来大数据能够应用得更精准的话，对传播来说是件好事。

未来有远有近，有些预估可能会发生，有些可能一辈子都不会出现，但对人性的观察是永远有用的。我觉得有两种情况永远不会改变，就是之前提到的物极必反和喜新厌旧，其实这两个概念在本质上是一样的。当一个人喜欢一件东西、一个产品或一个品牌到极致的时候就会变心，虽然有的人一生只有一样兴趣，到老都没变，但我认为那可能是因为他还没有喜欢到极致，也可能是因为那个兴趣是一个无底洞。

品牌也是一样，虽然有的品牌已经坚挺了一百多年，如可口可乐，但我觉得那只是因为它的周期特别长，而且没有遇到旗鼓相当的对手，当然，这也和他们不断迎合时代的发展有关。

物极必反这种情况在商业社会更容易出现。社会发展初期，人们吃不饱，所以会追求物质上的满足。生活富裕以后，人们开始追求心理上的满足。这两个阶段都是对产品和品牌的投入最有利的时期。而随着社会的发展，人们不再满足于心理上的追求，就会进入第三个阶段——追求精神上的满足。这三个阶段从不同发展程度的国家或城市就能看出来，如日本近几年流行“断舍离”，但居住在日本五线城市或者农村的人却不一定知道什么叫“断舍离”。

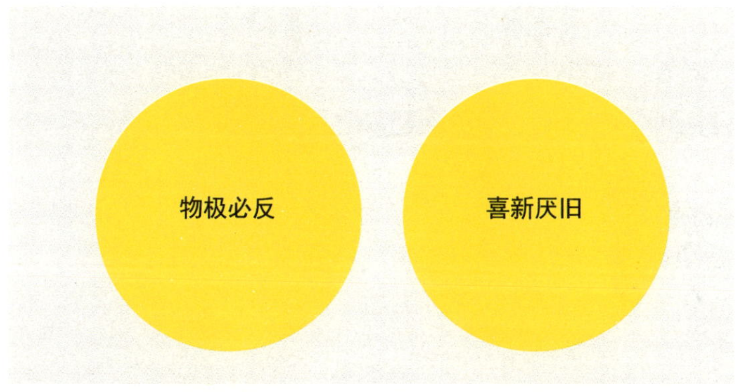

城市发展的程度不同，
我们可以有针对性地
做不同诉求的传播

户外登山品牌 Patagonia 有一期平面广告的标题是“Don’t buy this jacket（不要买这件外套）”，并在内文解释了为什么这么说，理由是你不需要的东西就不要买，衣服破了可以修补，他们提供修补服务。其实，他们的本意是环保和节俭，保护地球。

因为这个广告，他们的外套基本卖断货了。有的人会觉得奇怪，但其实并不奇怪，因为他们的诉求是精神层面的，为的不是自己，而是下一代，为了地球的健康，消费者非常认同这个理念。

有的资料显示，目前“00后”的平均存款比“90后”的多一倍。那么我们应该针对哪一个人群？哪一个人群的消费力更强呢？

按照直观的逻辑，“00后”存款多，证明他们的潜在消费力强。但如果我们深入思考会发现，“00后”大多数都是学生，他们的消费力其实来自家里。而“90后”呢？他们大部分已经工作了几年，经济差不多开始独立了。没有存款代表他们每个月的工资都被花光了，这证明他们是乐观的，不需要以存款来换取安全感，反正下个月还有工资，所以他们才是舍得消费的人群。

现在『粉丝』
对明星偶像的概念，
和以前很不一样

以前的明星是用来崇拜的，我们经常会说“明星的气质”，感觉有点儿不接地气，不食人间烟火，让人有距离感。现在的明星是养出来的，从选秀开始，粉丝就给他们投票，从胜出到出名，粉丝都参与其中。所以他们代言什么，粉丝就消费什么，这有点儿像股东的感觉。

那么粉丝和偶像的关系有什么转变？

以前是粉丝跟着偶像走，现在是粉丝在一定程度上控制着偶像。为什么现在粉丝多的偶像都很亲民？因为他们都是“自己人”，是粉丝像选班长一样选出来的，他们代表的就是粉丝。

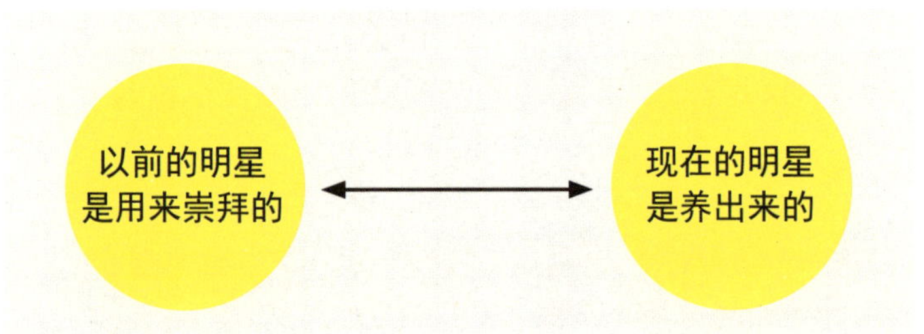

资讯越来越透明，品牌方不能自说自话

资讯透明的好处是品牌方必须要老实。消费者越来越看重品牌的社会责任感和道德观念，但品牌方又不能无中生有、乱编故事或者乱定位，所以最好的方法是，企业从一开始就将社会责任放在经营理念中。如果你的生产过程不环保，无论捐献多少钱给环保机构都是没用的。

广东话中有一句叫“发财立品”，意思是人有钱之后，应该做有品德的事情。但这句话在如今的社会已经开始不适用了，现在的企业在发财之前就要先立品。以谷歌为例，当年谷歌唯一的对手是微软旗下的一家公司。后来，这家公司被谷歌从市值一百亿元，打到所剩无几。当时所有人的看法都是，谷歌应该把它收购，然后彻底消灭，之后就可以在市场上独大。但谷歌没有那样做，他们的理念是，市场被垄断是一种恶，他们一直深受其害，如果收购了唯一的对手，自己就是恶。后来，那家公司被雅虎收购了，又反过来威胁谷歌，但谷歌认为这是好事。

一个关于老实的故事

当年美国总统大选的时候，特朗普对战希拉里。在很长一段时间内，希拉里都是领先的，特朗普可能也没想过自己会胜出。问题出在哪里？我们姑且不论他们的政治纲领或政治理念。特朗普是一个生意人，没什么公众形象可言，每天穿着西装，老老实实地说自己的理念。而希拉里似乎感觉自己胜券在握，在电视节目做宣传的时候，基本上都是预先庆祝的姿态。

但在选民的眼中，特朗普的形象非常像总统，都是穿着黑色西装。而希拉里就像一个天天买醉的老女人，和总统的形象相差十万八千里。这些想法都存在于选民的潜意识里。事实上，通过理性分析纲领和理念而投票的人的比例很少，大部分人都是靠感觉。投票的时候，谁比较容易让人联想到总统的形象，谁的票数就多。

这个例子也说明了善于计算的，不一定能打败老实的，也说明了消费者做选择时的一些心理活动。

所谓垄断，
从来都不会长远

垄断在中国市场上很难长久。一方面是因为，一个想法刚被证明可行，马上就会有跟随者，如摩拜和 ofo。另一方面，即使某个品牌垄断一段时间，早晚会有对手出来，如滴滴和快的，竞争了很久终于剩下一家后，没多久美团打车、神州、首约等就纷纷出现了，不同城市还有自己的小品牌，这也是物极必反的现象。所以，以为自己能永远垄断市场的企业，都是在自欺欺人。

传播媒体也是如此。“双微一抖“这三个平台可以说是各领风骚，互为补充。除了抖音，微博和微信已经存在很长一段时间了，但这并不意味着它们没有被取代的可能，尤其是微信。虽然现在的生活似乎离不开微信，但其实它主要的功能是沟通和手机付费，其他的功能则被使用得越来越少。两个功能之中，付费功能随时可以被支付宝替代。除此之外，银联最近也在推出“闪付”，虽然一直不火，但如果换成华为手机加银联闪付功能，可能会有不一样的反应。所以在付费功能上，微信是危险的。

至于在沟通功能方面，我觉得也有危险。2018 年，同时有三个聊天 App 出现，虽然都没火起来，但通常火是没有预兆的，也不一定有理性的原因。也许突然间有一天出现一个聊天 App，威胁到微信也不一定，物极必反。但我们没必要猜测什么时候、什么平台会火，当那个平台火的时候，它自然会出现在我们眼前。

ofo
bicycle
摩拜单车

TAXI
TAXI
TAXI
快

美团打车

平台，只是内容的载体。而内容，在本质上也差不多，都离不开文字、画面、音乐，最多考虑一下要不要和用户互动。人们都说传统媒体不行了，但我觉得广告片也没有少拍，只是很多时候不在电视屏幕上投放，而改到电脑屏幕了，但本质上其实完全没有分别。所以，我们也没什么好焦虑的。

我记得香港以前有一个很出名的行政创意总监说过："每个项目存在的平均时间一般是三到六个月。"时间到了，项目自然就完成了，没必要为工作太过焦虑。

焦虑是感性的，但可以用理性来克服，把事情本质想明白，就会发觉没有焦虑的必要。媒体在变，平台在变，但人性的本质是永远不会变的。所以做传播，洞察是最重要的。老老实实比精心计算可能更有用。善，不是说出来的，而是做出来的。